(conserver la couverture)

LES MAISONS HISTORIQUES DE LA CORSE

LES PEREZ

(DELLE PERE)

PERI, PERES, *EN FRANCE* PERY)

D'APRÈS LES DOCUMENTS INÉDITS CONSERVÉS DANS LES DÉPOTS PUBLICS
ET PRIVÉS DE

Vérone, Venise, Gênes, Turin, Paris, Ajaccio

ET SOUMIS A LA VÉRIFICATION DE LA

REALE CONSULTA ARALDICA ITALIANA

RECUEILLIS ET MIS EN ORDRE PAR

Le Comte COLONNA de CESARI-ROCCA

Chargé de mission du Ministre de l'Instruction Publique en Italie

PARIS

HENRI JOUVE, EDITEUR

15, RUE RACINE, 15

1896

GIACINTO PERES
Sergent-major-général des troupes
vénitiennes.

FRANCESCO PERES marquis de PERY
Colonel du régiment Pery-Corse au service
de Louis XIV.

ARMOIRIES DE LA FAMILLE PEREZ

De gueules à un poirier arraché au naturel, fûté de sable au chef
d'azur chargé de trois étoiles d'or à cinq rais d'argent. Couronne de
comte. Supports : à dextre un lion rampant, à sénestre un griffon.

PEREZ

(*DELLA PÈRE, PERI, PERES,* EN FRANCE *PÉRY*)

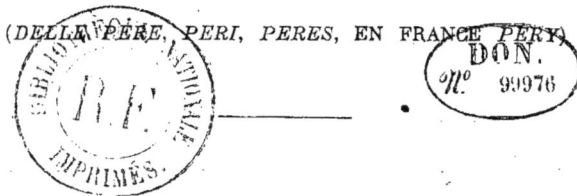

Si la Corse est fière à bon droit des hommes éminents qui ont
vu le jour sur son sol, elle peut avec plus de raisons encore
s'enorgueillir des races énergiques et vaillantes qui, grandies
dans son sein, formées aux luttes par la pression des tyrannies,
ont, à l'éclosion de leur maturité, transporté leur sève vigou-
reuse sur des champs plus vastes et plus ouverts à leurs talents.
Parmi les peuples qui surent les accueillir et encourager leurs
nobles ambitions, la république de Venise tient le premier
rang : sur son territoire, les Corses se créèrent de nouveaux
foyers où leurs familles s'élevaient en paix, perfectionnant leur
nature indomptée au contact des fines civilisations italiennes,
pendant qu'eux-mêmes, pour prix de l'hospitalité reçue, ver-
saient généreusement leur sang au-delà des mers. Ce fût ainsi
que l'on vit croître dans la Vénétie des familles Paganelli,
Ornano, Morati, Pozzo di Borgo, etc., qui, fixées au sol,
se transmirent — on pourrait presque dire de père en fils — les

plus hautes dignités accessibles à tous ceux qui n'étaient pas citoyens de Venie.

Longtemps la famille *Perez*, dépouillée, en 1797, de ses archives par un incendie, a passé pour espagnole d'origine (1). Aujourd'hui, la Corse peut la revendiquer hautement pour sienne malgré la désinence ibérique de son nom due au simple hasard de transformations réitérées. De *Pere*, nom de leur pays d'origine, une bulle pontificale fit *Peres* en latin alors que le patronymique devenu *Peri*, suivant la forme italienne se modifiait en *Pery* à la cour de Louis XIV. Les documents cités ici établiront de façon indiscutable l'identité des membres de cette famille

---

1. Cartolari (Antonio) dans les *Cenni su varie famiglie illustri di Verona* (Verona, 1854) s'exprime ainsi:

« PEREZ, Sotto l'anno 1653 trovasi descritta la famiglia Perez o Peres nel campione dell' estimo di Verona in contrada della Fratta. *E si ritiene anticamente originaria dallo Spagnuolo chiarissimo ceppo di tale cognome*; nel suddetto campione all' anno 1682 le si vede attribuito il titolo comitale ».

Schröder (Francesco) sécrétaire du gouvernement autrichien, dans le *Repertorio genealogico delle famiglie nobili nelle provincie Venete*. Venezia, 1831, dit à la page 122.

« PEREZ. Nobili domiciliati in Verona.

« Il fregio di nobiltà di cui è investita questa famiglia deriva dal Consiglio nobile di Verona a cui era ascritta ed a cui, nel 1800, appartenevano il sotto descritto padre Antonio e l'ora defunto figlio Paolo. *Era la medesima insignita anche del titolo comitale di cui non si conosce ora la provenienza, perchè le carte relative divennero preda delle fiamme allorchè, nel 1797, la casa di abitazione della stessa fu distrutta dall' incendio.* Fu confermata nobile con sovrana risoluzione 22 settembre 1820... » etc.

Dans *l'Elenco provvisorio delle famiglie nobili Venete* (Bollet. Consulta araldica. Vol. II, Roma 1894) la famille *Perez* est dite à tort originaire de Vérone. On reconnaît ses titres de noblesse transmissibles aux descendants des deux sexes en raison d'une inscription à *l'Elenco 1841 del consiglio nobile di Verona*, dont faisait partie Antonio — Maria di Antonio Perez. La Consulta araldica est saisie d'une demande en rectification de ces notes incomplètes.

aujourd'hui uniquement connue à Vérone, sa patrie d'adoption, sous le nom de *Perez*.

Peri (primitivement *le Pere*) est un petit village, du canton de Sarrola-Carcopino, distant de quelques milles d'Ajaccio; il faisait partie de la piève de Celavo (1). Là, s'étaient réfugiés en 1444 les seigneurs de Leca dont les terres étaient envahies par Mariano da Caggio, capitaine des troupes pontificales (2). Peri était la résidence de plusieurs familles de gentilshommes qui, toutes, peut-être, descendaient d'un auteur commun. Comme la plupart des localités proches d'Ajaccio, colonie génoise, Peri comptait parmi ses habitants bon nombre de partisans de la République. Lorenzo dalli Peri, figure parmi ceux-ci sur. un document de l'office de San-Giorgio du 23 avril 1501 (3).

En 1525, le 4 novembre, Guglielmo dalle Pere obtint des commissaires de l'office, des lettres patentes d'exemption d'impôts et de tailles (4), privilège qui fut confirmé à ses fils par décret du Sénat, en date du 18 novembre 1580 (5). Les bénéfi-

1. Giustiniani, vescovo di Nebbio, *Descrizione dell' isola di Corsica*. Ce mémoire a été transcrit en entier par Filippini, qui l'a fait imprimer sous son nom dans son *Historia della Corsica* (Tournon, 1598) *Li Pari* (sic) sont aussi nommés par Alberti (Leandro) *Descrizione dell' Italia e delle sue isole*, ouvrage imprimé en 1550. La seconde édition, imprimée à Venise, est de 1588 ; quoique la publication de ce livre soit antérieure à celle du Filippini, Alberti a eu connaissance du mémoire de Giustiniani, à qui il a emprunté sa notice sur la Corse.

2. Petrus-Cyrneus, *De Rebus Corsicis*, ap Muratori t. XXIV : livre III.

3. Une copie de ce document levée par l'historien Carlo Gregori, se trouve dans les Archives de M. le duc Pozzo di Borgo.

4. Ces lettres patentes mentionnées dans le décret de 1580 furent présentées préalablement par Gio-Filippo et Gio-Ghilardo au gouverneur Tomaso Carbone.

5. Voir pièces justificatives.

ciaires du décret, Gio-Filippo et Gio-Ghilardo del quondam Guglielmo dalle Pere, avaient fait preuve par témoins de leur descendance de Lorenzo dalle Pere, dont ils devaient être par conséquent les petits-fils ou les arrière-petits-fils.

Quatre ans plus tard, Pasquale Pozzo di Borgo, orateur du Delà-des-monts, chargé de dresser la liste des gentilshommes de la juridiction d'Ajaccio qui prétendent à l'exemption des tailles, nomme huit habitants dalle Pere sur quatre-vingt-onze requérants, mais on ne retrouve pas sur cette liste les noms de Gio-Filippo et de Gio-Ghilardo. Il est probable que Pozzo di Borgo n'a fait figurer, sur son catalogue, que ceux dont les droits n'ont pas encore été confirmés (1).

Malgré les décrets du Sénat de Gênes, qui interdisaient à tout corse de prendre du service à l'étranger (2), Lorenzo delle Pere passa à Venise dans les premières années du XVIIᵉ siècle. Dès cette époque, les Corses se rencontrent en nombre considérable dans les troupes vénitiennes (3). Leur valeur appréciée haute

---

1. Gênes. *Arch. di Stato*. Corsica ; supplicationum, filza 11, Anno 1584. La requête est datée du 25 avril. Les gentilshommes delle Pere mentionnés sont : Geronimo di Pietro-Paolo, Antonetto di Geronimo, Alfonsino di Gio-Antonio, Orsone di Martinetto, Natale di Paulo, Gasparino di Matteo, Lattantio di Pietro-Giovanni, Martino di Polo.

2. Gregori (Charles). *Statuti civili e criminali di Corsica*. Lione, 1853. Ces décrets ont été fréquemment renouvelés : 1590, 1612, 1613, 1619, etc.

3. En 1623, le colonel Francesco Ornano commandait treize compagnies corses. Combien de familles insulaires furent représentées par quelqu'un de leurs membres dans les armées vénitiennes ! Sur les rôles de montres et de revues, j'ai relevé au hasard quelques noms corses parmi ceux qui se représentent le plus souvent : Leca, Zicavo, Sonza, Benedetti, Ristori, Morazzani, Buttafoco, Giafferi, Piazza, Colombani, Guelfucci, Poli, Campi, Coccola, Corsi, Lusinchi, Battaglini, Abbatucci, Bastelica, Torre, Agostini, Leccia, etc. Que l'on n'aille pas croire à des cas d'homonymie : l'origine corse de tous ces personnages, aussi bien que de ceux que j'ai nommés plus haut est correctement établie.

ment par le gouvernement était un objet de crainte pour l'ennemi qui ne dédaignait aucun moyen de les détacher de la cause qu'ils servaient d'ailleurs avec dévouement. Dans une lettre qu'il adresse au Sénat, le procureur général de terre ferme Zorzi nous apprend que l'on donnait à Milan quinze ducatoni (1) à chaque déserteur corse. En 1615, on voit les Corses aux confins des terres vénitiennes repousser dans les montagnes du Carso (Istrie), les Uscoques et les Allemands (2). A Fara et à Palma, ils se distinguent encore contre ces derniers sous les ordres de Baglione et de Giustiniani. Les Corses, dit un auteur véronais (3), sont des soldats courageux, ils n'ont jamais tourné le dos à l'ennemi et ont contribué à diminuer les tristes conséquences des déroutes vénitiennes.

Elevés pour le métier des armes, les fils et les petits-fils de Lorenzo entrent en campagne au service de la République ; dès qu'il arrive à l'âge d'homme, chacun d'eux est mis à la tête d'une compagnie corse ; on les retrouve à Crête, à Candie, à Zara, à Cattaro, quelquefois blessés, souvent portés à l'ordre du jour, aux postes les plus périlleux, toujours.

Pliée à la discipline, initiée à l'art technique de la guerre, cette race, créée pour la lutte, était appelée à produire de brillants chefs d'armée. Un siècle ne s'était pas écoulé que leur réputation de bravoure et de fidélité leur valait d'importants commandements. Bien que généralement oublieux ou négligents des services rendus par les étrangers à leur solde, les Vénitiens se

---

1. Venise. *Arch. di Stato. Senato. Lettere Provved. Gener. di terraferma*, 29 avril 1634.

2. Nani, traduit par Tallemant (Cologne, 1682 ; Moissesso et Rith).

3. Pona (Francesco). *Contagio di Verona del 1630*, imprimé à Vérone.

sont vus obligés dans leurs écrits de tenir compte de l'intrépidité et de la hardiesse des régiments corses et de leurs officiers (1). Mais les campagnes de Dalmatie terminées, le besoin de guerroyer encore conduisait les Peres en France, où l'un d'eux Jean-Baptiste, dit le *marquis de Pery*, obtenait en quelques années la dignité la plus élevée après celle de maréchal de France.

A Vérone où les descendants de Lorenzo s'étaient établis sans cependant cesser, comme on le verra, leurs relations avec la Corse, ils avaient obtenu des lettres de naturalité et d'agrégation à la noblesse véronaise, faveur rare mais qui fait honneur autant à l'aristocratie de Vérone qui les accueillit qu'aux Peres qui avaient su s'en rendre dignes (2). Le 31 janvier 1680

---

1. Cf. Vernino (Alessandro)*Historia delle guerre di Dalmatia sotto il generalato di Leonardo Foscolo*. Venetia, 1648. Soldat dans le régiment ultramontain du colonel Sorgo, Vernino fut le témoin authentique des évènements qu'il raconte. Certains passages de son livre ont été copiés presque textuellement par Brusoni (Girolamo), *Historia delle ultime guerre fra Venetiani e Turchi dal 1644 al 1671*. Venezia, 1673. Cf. du même Brusoni, *Historia d'Italia dall' anno 1625, fino al 1670*, Venetia 1671 ; Rostagno (Gio. Battista) *Viaggi del marchese Giron Francesco Villa in Dalmatia e Levante coi successi di Candia ed una mappa di quella città*, Torino, 1668 ; Garzoni (Pietro) senatore veneto, *Historia Veneta*. Venezia 1710. Tous ces historiens, à l'exception de Rostagno, sont vénitiens, et font tous mention des services rendus par les Peres. Dans son *Historia della guerra di Candia*, Andrea Valiero ne parle presque pas des officiers étrangers ; son livre n'est écrit qu'au point de vue politique. Le moins connu de tous ces ouvrages est celui du docteur Gio-Paolo Peri, Corso, dont il sera parlé plus loin.

2. Décrets du 28 mars 1664 (*Archives de la commune de Vérone*, R R R. p. 113 pour Giovanni-Paolo docteur et Francesco-Maria, colonel, frères Peres, Décret du 11 janvier 1685 (*Archives de la commune de Vérone*, A A A A, p. 65') pour le comte Giacinto Peres, général, et le marquis Francesco Peres, frères fils de Giordano « *ex nobili et franca familia de Corsica* ». Quoique dépendante de Venise depuis 1405, la cité de Vérone se régissait par ses pro-

Angelo-Francesco, Antonio-Maria et Paulo, fils de Cesare Peres, recevaient de Jeanne-Baptiste de Nemours, régente de Savoie, le titre de comte avec transmission à leur descendance (1).

Pendant le seizième siècle, les Peres formèrent pour le compte de Venise dix-sept régiments composés presque exclusivement de Corses ; les nombreux décrets qui les concernent montrent en quelle haute estime la Signoria de Venise tenait les membres de cette glorieuse famille. Quand la République était en guerre, elle faisait appel à leur courage, les chargeait de lever des troupes et les envoyait sur les points les plus menacés. En temps de paix elle leur confiait la garde des forteresses de terre ferme : Rovigo, Legnago, Verone, Asola, Brescia, Peschiera, etc.

Les grandes guerres de Venise terminées, les Peres éprouvent le besoin d'élire une résidence digne de leur situation et de leur rang ; en 1717, ils acquièrent le palazzo Cicogna à Castelvecchio (Verone). Habité d'abord par la noble maison véni-

---

pres lois. Pour obtenir l'agrégation à la noblesse, il fallait présenter ses preuves à deux commissaires élus parmi le conseil des Douze. Ceux qui examinèrent les preuves des Peres furent le N. Madio dei Madi et le comte Cosimo-Brenzoni en 1664, et les comtes Geronimo Lavagnolo et Camillo Fracastoro en 1685. D'autres preuves relatives au titre comtal faites le 9 janvier 1793 par devant la *nobile compagnia copulata* de Vérone obtinrent un rapport favorable des commissaires comtes Gio-Battista Ridolfi et Angelo Nichesola. Tous ces documents qui seraient si précieux aujourd'hui ont disparu. Les arrêts de ces commissions sont les seuls, mais irrécusables témoins de leur existence.

1. Turin, *Archivio di Stato*. Sezione 3ᵉ, nᵒ 278. *Cour d'appel de Turin*, vol. 168, f. 90, verso.

tienne de ce nom, le palazzo Cicogna avait été, dès le milieu du xvi° siècle, la résidence de Francesco-Maria Peres ; le 12 mai 1717, le comte Angelo-Francesco Peres l'acheta définitivement et le laissa par testament à son neveu Cesare dont les descendants l'habitèrent jusqu'en 1797.

Cette année-là, les Français envahirent le territoire de la Vénitie. Le comte Antonio-Maria Peres, signalé comme hostile à l'invasion, avait été relégué à Venise, mais s'étant enfui, il prit avec le marquis Saibante et le comte Pullè le commandement des bandes insurgées et marcha contre les envahisseurs. Des pourparlers entrepris auraient pu aboutir à une entente commune si, par suite de malentendus, ou d'ordres dont aucun des généraux français ne voulut assumer la responsabilité, les troupes françaises n'étaient entrées les armes à la main dans Vérone (17 avril 1797). Les habitants se soulevèrent et plusieurs des Français furent massacrés. Les comtes Agostino Verità et Antonio Peres s'interposèrent, et ce dernier même sauva la vie à plusieurs officiers. Mais il était trop tard, pendant sept jours la ville fut un véritable champ de bataille ; un grand nombre de maisons furent incendiées et pillées. Du palais Cicogna il ne resta que les murs ; là furent détruites presqu'entièrement les archives anciennes de la famille Peres.

Le 21 avril 1797, Antonio Perez donna l'assaut au château de San-Felice, occupé par les Français. Le 23, on conclut un armistice et Vérone capitula. Antonio Peres, son frère Gian-Battista, son père Antonio (señior) quittèrent la ville et s'enfuirent en Tyrol. Ils furent ensuite portés sur les listes des émigrés. Sur l'instance du général Brune, ils furent graciés à Passeriano. Un officier français, à qui les Peres avaient sauvé la vie, leur fit cadeau de quatre magnifiques bronzes conservés encore dans la famille (1).

De nos jours, les Perez qui, presque tous, ont fait partie des conseils de la province de Vérone, se sont appliqués à la conservation de ses œuvres d'art et de ses monuments. *L'Arène* de Vérone, merveilleux souvenir de l'époque des premiers empereurs romains, que Maffei appelle la plus belle chose du monde, a été particulièrement l'objet de leurs soins. Déblayée au XVIIe siècle, l'Arène se trouvait, en 1805, dans un état de délabrement contre lequel le comte Paolo Perez, qui faisait partie de la municipalité de la ville, résolut de réagir.

En 1819, le comte Gian-Battiste Perez, secrétaire du conseil provincial, provoqua et obtint l'expropriation des forgerons, des charpentiers et des gens de toutes sortes dont l'industrie était un danger pour le monument. Plus tard, en 1877, l'ingénieur Alessandro Perez, directeur des travaux publics de Vérone, institua une commission chargée de la conservation de *l'Arène*. Lors de sa visite à Vérone, en janvier 1879, le roi Humbert remit spontanément au comte Alessandro Perez, la croix de chevalier de la couronne d'Italie (2).

La famille Perez a donné à l'Italie un poète modeste et distin-

---

1. Les historiens ne sont pas d'accord sur les détails de l'insurrection véronaise. L'ouvrage consciencieux de Perini (Osvaldo) *Storia di Verona dal 1790 al 1822*, 3 vol. in-8, tipografia Noris, Verona, semble démontrer que les rapports de nos généraux en ont considérablement exagéré l'importance. Landrieux, dans ses *Mémoires d'Italie* (Paris, Savine, 1894) se montre très défavorable aux Perez, qu'il accuse de pillage et d'assassinat : son témoignage manque d'impartialité. Cf. Thiers, *Histoire de la Révolution et de l'Empire*.

2. Pour sa biographie voir *Archivio storico Veronese :* vol. 13, fascicule 30. Verone ; tip. Noris, 1882.

gué dans la personne de l'abbé Paolo Perez à qui les Corses sont
redevables d'une traduction en italien de l'*Histoire des Corses*
de Gregorovius (1). C'est là seulement, en effet, que tous ceux qui
ne sont pas familiarisés avec la langue allemande, ont pu lire
pendant plus de trente ans le plus beau livre de philosophie his-
torique que la Corse ait inspiré. Ce qu'il faut remarquer, c'est
que l'abbé Perez ignorait son origine et ne savait pas que c'était
l'histoire de ses ancêtres qu'il lisait et qu'il transcrivait dans
leur langue. Il n'en a que plus de droits à notre reconnaissance.
Dans l'excès de sa modestie, l'abbé Perez n'a pas mis son nom
sur le livre qu'il popularisa dans notre île ; c'est donc à nous de
le clamer hautement. Son frère, le comte Antonio Perez, a été
Député au Parlement italien, et maire de la ville de Vérone en
1888. Un pont en fer, à Zevio, sur l'Adige, dû à son initiative,
porte son nom. Long de 260 mètres, ce pont a doublé l'activité
commerciale de la région.

Aujourd'hui, la famille Perez, justement fière de ses ancêtres
retrouvés, soumet à la Consulte héraldique italienne les titres
qui prouvent son origine. La haute compétence des membres de
la Consulte et les sentiments de justice dont elle est animée ne
peuvent laisser planer aucun doute sur sa décision. Quant à
nous, nous applaudirons des deux mains à tout ce qui peut met-
tre en relief les noms de nos glorieux compatriotes que nous
n'avons que trop longtemps oubliés.

---

1. *Storia dei Corsi*. Firenze : tip. Le Monnier, 1857.

*
* *

I. — *Lorenzo dalle Pere*, né aux Pere vers 1550, capitaine au service de la république de Venise est nommé dans un décret de la Seigneurie de Venise en date du 17 avril 1625 (1) qui lui donne commission de se rendre avec une compagnie de cent hommes à Spinalonga (2). En 1633 il est envoyé à Zante (3). On lui connaît trois fils.

1º Giordano, qui suit.

2º Giovanni, dont la filiation est rapportée plus loin.

3º Guglielmo capitaine-propriétaire d'une compagnie de 59 fantassins en 1636 (4). Il eut trois fils dont la postérité n'est pas connue.

a. — Egidio-Francesco, capitaine d'une compagnie de Corses et de Rivieraschi (5) en 1645 (6).

b. — Giovanni-Filippo.

c. — Giovanni-Ghilardo, capitaine d'une compagnie corse.

---

1. Venise, *Arch. di Stato. Collegio* notatorio, no 95 ; année 1625 fo 14.

2. Spinalonga, port au levant de l'île de Candie, près de Setia.

3. Venise, *Arch. di Stato*, notatorio, no 103, année 1633 fo, décret du 2 janvier.

4. Venise, *Arch. di Stato*, Senato, *Lettera del Provved. gener. di terraferma* du 30 mars 1636 à Brescia,

5. On désigne ainsi les mercenaires provenant des rivières de Gênes.

6. Venise, *Arch. di Stato*, notatorio, no 115. année 1645, fo 56 vo, décret du 25 juin.

II. — *Giordano dalle Perc*, Corso, capitaine d'une compagnie corse, fait partie dès 1619, du régiment d'infanterie italienne du colonel Simone Ornano (1). Le 26 juin 1625, un décret l'envoie avec sa compagnie à Zara (2), en Dalmatie : on le retrouve en 1631 à Rovigo (3) et en 1640 à Legnago (4) sous les ordres du provéditeur Priuli (5).

De sa femme, Lavinia, il eut :

1° Giacinto, qui suit.

2° Francesco-Maria, dont la biographie sera rapportée après celle de son frère.

III. — *Giacinto dalle Perc* ou *Peri*, né à Zara le 5 novembre 1626 (6) il passe ses premières années à Rovigo et Legnago (7).

---

1. Venise, *Arch. di Stato*, notatorio, n° 89 année 1619, f°, 28 v°, décret du 8 mai.

2. Venise, *Arch. di Stato*, notatorio, n° 95, anno 1625, f° 40. vo.

3. Venise, *Arch. di Stato*, notatorio, n° 101, anno 1631, f° 6 v° décret du 24 mars 1631 lui accordant un mois de congé pour aller reprendre sa famille à Zara et la ramener à Terreferme.

4. Vérone, *Arch. bibl. civique. Atti de' capitani di Legnago*, busta n° 38, année 1635 et 1640.

5. Suivant un arbre généalogique du xviii⁰ siècle de la famille Peres, sur lequel on a eu l'occasion de relever quelques inexactitudes, Giordano était encore en 1650 au service de Venise et il périt en 1657 en traversant l'Adige. Cet arbre paraît avoir été présenté au tribunal de la Quarantia civil nova de Venise pour une question de droits d'aînesse et de fidéicommis.

6. Acte de baptême de Giacinto : « 1626 Adi 5 novembre, Jo Don Nicolô Zoidi, con licentia del molto Rdo Monsignor Vicario, ho batezzato Giacinto figliuolo del capitan Giordano Corso procreato con la signora Lavinia sua legittima consorte, nella chiesa ossia capella dell' Illmo. signor Camerlengo sul forte... », etc.

7. Vérone, *Archiv. de la biblioth. civique. Atti dei provveditori di Legnago*, année 1638.

Ensuite capitaine d'une compagnie corse le 22 mai 1647, il la conduit au siège de Risano en 1649 (1). A peine âgé de vingt-huit ans, il est nommé colonel (2), les capitaines qui sont sous ses ordres s'appellent Giovanni, Ottavio et Pietro-Maria Pere ; le premier paraît être son oncle, les deux autres, s'ils ne sont pas ses parents, sont tout au moins ses compatriotes. En 1657, il défend avec cinq cents Corses la place de Cattaro en Albanie menacée par une armée de douze mille hommes (3). Il revint à Vérone en 1659 (4) pour y renouveler ses engagements et, avant de repartir, il prit certaines dispositions testamentaires en la paroisse de San-Zeno par devant le notaire Muttoni (5). A Candie, de 1660 à 1668, il se signale comme sergent-major de bataille par de brillants faits d'armes. Il commandait la place et portait le titre de surintendant général des troupes italiennes et corses. Il fut secondé d'ailleurs par de valeureux compatriotes, Ristori, Pozzo di Borgo, Torre, Simonetto et Guido delle Pere. Grièvement blessé à Sabionera et à Sant'-Andrea de Candie le 26 juillet 1668 (6), il eut la main gauche presque emportée ; on le rapporta au camp demi-mort. Transporté à Venise, il n'y voulut rester que le temps nécessaire à sa guérison : en janvier

1. Ancien arbre généalogique Peres á Vérone.

2. Venise, *Arch. di Stato*, notatorio, n. 124, année 1654, f⁰. 12 : sous la date 23 mars.

3. Brusoni, *op. cit.*, lib. XIII : Rostagno, *op. cit.*

4. Lettre de Giacinto Pere, datée de Cattaro, au général Antonio Bernardo pour lui demander l'autorisation de se rendre à Venise, septembre 1658. (Vérone, *Archiv.* famille Peres).

5. Vérone, *Archivio notarile*, *not. Domenico Muttoni*, 8 juillet, car dit-il « Chimilita è soggetto o gloriosamente vincere, o morire in guerra ».

6. Brusoni, op. cit.

1669 il était à Candie dans un état de santé assez faible mais
il y faisait son service (1). En récompense de sa conduite, un
décret du 28 septembre 1669, l'éleva au grade de sergent-major
général de bataille (2).

Fixé à Vérone, Giacinto Peri épousa, en 1670, Cassandra Tro-
jana, veuve du comte Giunio Giusti (3). Dix ans après (24 novembre 1680) celle-ci mourut laissant par testament tous ses
biens à son mari « pour le récompenser, dit-elle, de sa compagnie agréable et fidèle et de la courtoisie dont il l'avait toujours
honorée (4) ». Vérone voulut qu'il comptât parmi ses citoyens et
inscrivit son nom, ainsi que celui de son frère Francesco, à son
livre d'or (5) (10 janvier 1685). Quand la guerre de Morée éclata,
il fut appelé, à Venise, mais on ne saurait dire s'il prit part à la
campagne. Il mourut à Venise en décembre 1693, faisant son
héritier universel son frère, le marquis Francesco de Pery (6).
Son corps fut transporté à Vérone et enseveli le 3 mars 1694
dans l'église de San-Bernardino (7) où un monument surmonté
de son buste et orné de ses armoiries lui fut élevé.

1. Venise, _Arch. di stato_ ; _Candia, dispacci_, mazzo 1668-1669.

2. Venise, _Arch. di stato_ ; _Senato mare_, Reg. 135; 166), p. 297, Vo.

3. Vérone, _Arch. not._ contrat de mariage du 8 juin 1670 passé devant le
notaire Vincenzo Ferro.

4. Vérone, _ut. sup._ Testament en date du 24 septembre 1680 passé devant
le not. Antonio Trecio, Busta 10909.

5. Voir plus haut p. 6 .

6. Vérone, _Arch. Bibliothèque_, Reg. _San-Bernardino_ et _Arch. notar._,
notaire Antonio Trecio, Busta 10984. Le testament est du 21 décembre 1683. Il
appelle le marquis de Pery « caro et amato fratello, e come mio fratello hono-
rato, et amico svisceratamente amato in ogni tempo ».

7. Vérone, _Bibl. civique, Registri Sanità_ (Vol. XVI, p. 13) : 1694, 3 marzo,
a San Bernardino. L'Ill. Signor Giacinto Peres d'anni 66, fu sergente general
mori a Venetia, è stato portà e sepolto in San-Bernardino. »

III. — *Francesco Pere* ou *Peri*, en France, marquis de
Pery (1), second fils de Giordano naquit à Zara en 1627; pourvu,
dès qu'il arriva à l'âge d'homme, d'une compagnie corse, il était
en garnison à Settia, en l'île de Candie, lorsqu'il fut pris par les
Turcs et emmené en esclavage à Constantinople (1647). Malgré
les offres de ses parents, la liberté ne lui fut rendue qu'en novembre 1670 (2). Il rentra à Vérone, mais il y resta peu de temps,
la guerre ayant éclaté entre la Savoie et la République ligu-
rienne, Gênes fit appel aux officiers corses auxquels la fin de la
guerre de Candie laissait des loisirs. Par l'intermédiaire de
Gian-Battista Centurione, Francesco Pere, reçut à Vérone des
offres pressantes et avantageuses relatives à la levée d'un régiment corse. Francesco chargea son compatriote, Giuseppe-Maria
Benielli, d'Ajaccio, des négociations et un contrat entre celui-ci,
au nom de Pere, et le gouvernement génois fut signé le 19 novembre 1672 (3). Ristori, Ornano et Gentile passaient également
à Gênes à la même époque et la République eut lieu de se féliciter
du concours apporté par les Corses. L'intervention de Louis XIV
mit fin à la guerre, et Peri sollicita alors du sénat de Gênes l'au-

1. Il n'est pas probable que Francesco Peres ait obtenu des lettres patentes
lui conférant le titre de marquis, mais il était d'usage dans les bureaux de la
guerre de décorer d'un titre dans les brevets les noms des officiers généraux et
des colonels; les gentilshommes génois portaient généralement à Versailles la
qualification de marquis bien que leur gouvernement ne leur reconnût aucune
titulature. C'est probablement à cause de sa qualité de sujet génois que Francesco fut désigné sous le nom de marquis de Péry que son parent Gian-Battista
porta après lui.

2. Lettre du général Antonio Bernardo datée de Zante qui venait de le déli-
vrer à Giacinto Pere, sergent général de bataille à Vérone du 16 novembre 1670
(*Arch. Perez* à Vérone. Pièces originales).

3. Gênes. *Arch. di Stato, Militarium*, filz. 60. Bellum contra ducem Sabaudiæ.

torisation de lever de nouvelles milices en Corse pour le service du grand roi. Bien que ce fut sans enthousiasme, la République n'osa pas aller contre les désirs de Louvois qui, déjà l'avait menacée de la colère de son souverain (1). Francesco Peri resta en France jusqu'au mois d'août 1682, date à laquelle le régiment Péri-Corse fut licencié et fondu dans le Royal-Roussillon (2). Il retourna à Vérone où il mourut le 26 juillet 1713 (3), après avoir désigné pour son héritier Angelo-Francesco Peres (4), quatrième fils de Cesare, son cousin germain. Il fut enseveli dans l'église San-Bernardino ; de son vivant il habitait le palais Dal-Bene, paroisse de San-Zeno-in-Oratorio (5). Son monument, surmonté de son buste, est placé en face de celui de Giacinto.

Second Rameau

II. — *Giovanni dalle Pere*, capitaine d'une compagnie corse,

---

1. L'autorisation du 31 juillet 1673, et la capitulation pour le régiment Corse en France signée par le commissaire Manuallet, existent à l'arch. Perez de Vérone.

2. Parmi ses capitaines était Antonio-Maria Peri, Corse ; dont une quittance à la Bibl. nationale. Paris, *Cabin. des titres, pièces originales :* vol. 2234 ; dossier 50599, f° 3, en date 15 juin 1676.

3. Verone, *Bib'. civica. Reg. Sanità*, vol. XIX, p. 36.

4. Vérone, *Arch. not.* Notaire Naupo (Gio-Francesco) testament du 19 février et 12 juin 1705, 18 janvier 1710 et not. Seriati (Antonio) du 25 juin 1704.

5. Son frère Giacinto l'avait loué moyennant soixante ducats par an à Francesco Dal Bene le 11 février 1675 (Vérone, *Arch. not.*, notaire Ferro Vincenzo). Son neveu Angelo Francesco l'habita aussi jusqu'en 1717, ensuite il acheta le palais Cicogna à Castelvecchio.

lève des troupes à Venise en 1650 avec Giacinto son neveu (1). Il eut cinq fils.

1° Gìo-Paolo, docteur-ès-lois, auteur d'un petit ouvrage fort rare publié à Venise en 1648 et intitulé : *Diario de' fatti d'arme successi in Dalmatia tra la Serenissima republica di Venetia et il Barbaro Ottomano, l'anno 1648, scrito dal Dot. Gio. Paulo Peri corso* (2). Il donne sur les entreprises de Dernis, Chlino et Clissa, des détails que l'on ne retrouve ni dans Vernino, ni dans Brusoni. Avec la permission de François d'Este, il levait en 1652 des troupes à Modène pour le service des Vénitiens (3). Sa compagnie marche à Peschiera en 1669 (4). Inscrit au livre d'or de Vérone avec ses frères en 1664 il mourut le 19 juin 1688 (5). On a de lui deux testaments particuliers, le premier du 9 avril 1670, l'autre du 30 octobre 1676 (6). Il fait quelques donations à l'autel de la Vierge en l'église de Peri. Ses fils :

---

1. Venise. *Arch. di stàto*, notatorio, n· 120, f. 149, v. décret du 9 février.

2. In Venetia, per Francesco Vicceri, Frezaria alla Fenice, con licenza dei superiori. L'ouvrage est orné de deux gravures sur bois. Le seul exemplaire connu est à Rome, Biblioteca casanatense ; miscellanea, n· 173.

3. Permission de sortir de Modène aux officiers et soldats levés en cette ville pour le compte de Venise, par le docteur Giovan-Paolo Peri, 21 mars 1652 (*Arch. Perez* à Verone).

4. Vérone, *Arch. bibl. civique. Lettere Rappresentanti.* Busta, n· 536. Falier provediteur à Peschiera écrit en 30 décembre 1669 au capitaine de Verone qu'il attend la compagnie corse du docteur Gio : Pere.

5. Vérone. *Arch. not. :* not Trecio (Antonio). Son testament définitif dressé à Venise le 30 octobre 1676 avait été consigné à ce notaire à Vérone le 22 octobre 1677 : il fut ouvert le 23 juin 1688. Il nomme héritiers ses deux enfants Andrea et Vido.

6. Vérone. *Arch. notarile*, not. Muttoni (Domenico). Parmi les témoins du premier testament, le lieutenant Giacomo-Antonio Susini, le lieutenant Matteo Casalabriva, l'alfière Giovanni Cassano, tous corses.

a. — Andrea, capitaine en Dalmatie en 1647 (1), puis colonel sergent-major de bataille en 1681 (2) et commandant de la place de Vérone en 1697 (3).

b. — Guido, ou Vido (forme vénitienne), capitaine en Dalmatie vers 1667, se signale à Candie en 1668 par la défense héroïque des postes de Panigrà, Sant'Andrea et Priuli (4). Il mourut le 13 juin 1699 (5), ne laissant pas d'enfants de sa femme Laura Galli.

2° Francesco-Maria, né à Peri vers 1599, capitaine à Legnago en 1637 (6), colonel en 1648 (7) d'un régiment dont les capitaines étaient ses frères Simonetto et Andrea et son neveu Egidio-Francesco. Envoyé en Dalmatie, il prit part au siège de Dernis, occupé par Mehemet-Techiely pacha de Bosnie. Dans le conseil que tinrent les officiers en arrivant devant la place, Francesco-Maria Pere soutint l'opportunité d'un assaut immédiat, tentative qui fut couronnée d'un plein succès: car, quoiqu'en très grand nombre, les Turcs furent culbutés et se laissèrent enlever leurs pavillons et leurs canons; le Pacha lui-même ayant été blessé on pénétra dans la ville qui fut pillée et incendiée.

1. Venise. *Arch. di stato*, notatorio, reg. 117, f· 16. V. décret, 12 mai.
2. Ancien arbre généalogique Perez à Vérone.
3. *Id.*
4. Vérone. *Arch. Perez.* Certificat de Morosini à Zante de novembre 1669· De sa compagnie il ne resta que dix-sept hommes presque tous blessés, qu'on envoya à la Suda.
5. Vérone. *Arch. Perez.* Lettre de M. Tetta de Venise, 10 juillet 1699, lequel gardait 2800 ducats dont Vido était propriétaire.
6. Vérone. *arch. bibl. civique : atti capit. Legnago*, Busta, n· 78, année 1637-38.
7. Vernino, Brusoni, Peri. *op citata.* On trouve tous les détails qui suivent et d'autres encore dans les ouvrages de ces trois historiens.

Ceci se passait en février 1648 : le 9 mars suivant on partait vers Clissa. L'assaut de la première enceinte fut porté par les Corses du régiment Peri ; mais en apprenant que le Pacha campait à Dugopolie avec des forces considérables, à cinq lieues plus loin, on suspendit le siège et l'on marcha contre lui. Cent cinquante mousquetaires corses précédaient l'armée en éclaireurs. La rencontre fut terrible et les troupes vénitiennes commençaient à faiblir, lorsque l'arrivée des colonels Pere et Breton décida de la victoire. Francesco-Maria se jeta lui-même sur le Pacha qui eut grand peine à sauver sa vie. Après la capitulation de Clissa, trois compagnies corses y furent laissées en garnison.

Plus tard, Francesco-Maria Pere, en souvenir de cette grosse affaire où la mort lui était apparue de très près, fonda dans l'église Santa-Annunziata delle Pere, en Corse, une *capellania* à la Vierge du Rosaire (1) (C'était en effet le jour de la fête de l'Annonciation, 25 mars 1648, que cette rencontre avait eu lieu). A cet effet il se rendit en Corse, après avoir obtenu préalablement l'autorisation du gouvernement génois (2) (17 avril 1665). Il y fit quelques acquisations, mais retourna à Vérone où il s'était fixé depuis 1652 avec sa femme Daria. Le premier de sa famille il habita le palais Cicogna (3). Il mourut le 25 février 1675, et fut

---

1. Acte du notaire Pietro Spoturno d'Ajaccio du 28 juin 1665, aux arch. du comte Gian-Battista Perez. Le registre aux Arch. de M. Peraldi, notaire à Ajaccio, ancien sénateur.

2. Decret du sénat de Gênes, *ut sup.*, pièce originale.

3. Verone, *Bibl. civica. Registres de la Sanità* Reg. XII p. 6 vo. Ce palais fut acheté par le comte Angelo-Francesco le 12 mai 1717 not. Recalco Pietro de Padoue : il brûla en avril 1797.

enseveli dans l'église des Pères Théatins de Santa-Maria-alla-Ghiaja en la chapelle de la Vierge de Loreto (1).

3° Cesare, qui continue la filiation.

4° Simonetto, capitaine en 1645, était lieutenant-colonel lorsqu'il périt au siège de Candie *tra le fiamme* (2). Ses fils.

. *a.* — Andrea, était colonel en 1664 (3)..

. *b.* — Egidio-Francesco, capitaine, fut tué au siège de Candie (4).

5 Andrea, était colonel en 1664, lorsqu'il fut agrégé à la noblesse véronaise (5).

III. — *Cesare Pere* ou *Peri*, fut colonel, croit-on, au service de la France (6). Il eut huit fils :

1° Gio-Battista, marquis de Peri, vint en France comme capitaine au régiment de Pery-Corse avec son parent le colonel

---

1. Son épitaphe aux pièces justificatives. Ce tombeau acheté en 1670 par lui, servit de sépulture jusqu'au commencement de ce siècle à ses descendants de Vérône. L'église desservie de 1200 à 1600 par les Umiliati, ensuite par les Théatins est aujourd'hui la propriété de M. Brasavola de Massa.

2. Venise, *Arch. de Stato. Senato di terra* filza 1141. Requête 14 août 1691 du comte Angelo Francesco, gouverneur à Verone.

3. Verone, *Arch. Perez.* Le Provediteur de Dalmatie (*Senato III. Secreta*) mentionne dans ses lettres les rôles du cap. Andrea dalle Pere en date 10 août 1649, 15 février 1650, 26 novembre 1651 et 15 avril 1652.

4. Vérone, *Arch. Peres.* Requête au Senato terra de Venise du 1690 environ : filze.

5. Les personnages prénommés Andrea se trouvent si nombreux à la même date et dans les mêmes conditions qu'il a pu se glisser certaines confusions. On rencontre aussi deux Antonio et trois Paolo Pere tous également braves, et contemporains. Ce notatorio, 12 mai 1647, nous présente la compagnie du cap. Andrea dalle Pere s'embarquant sur la galère de Matteo Dandolo.

6. Verone, *arch. not* not. Muttoni (Domenico). 21 novembre 1678, et arbre **généalogique.**

Francesco en 1674. En 1682, Pery-Corse ayant été licencié, Gio-Battista passa avec son grade au Royal-Roussillon. Le 26 septembre 1690 il devient colonel d'un régiment qui porte son nom et cette même année il est blessé à Fleurus. En 1691, il rejoint l'armée du maréchal de Luxembourg au siège de Mons défendu par les Anglo-Hollandais. Les Corses prennent part aux assauts livrés le 29 mars et le 2 avril à la suite desquels la ville capitula le 8 du même mois. En mai 1692, le marquis de Pery prend part aux opérations du siège de Namur: le 23 juin, le régiment contribue à la prise du chemin couvert du fort de Cohorn et s'y maintint malgré les vigoureux efforts de l'ennemi ; le 29, pendant que Luxembourg livre bataille à Stenkerque, Peri occupe la lisière du bois de Thières et force l'ennemi à battre en retraite.

En 1693, après avoir assisté à la bataille de Nervinden, il arrive avec son régiment sous les murs de Charleroi. Le 26 septembre, il donne l'assaut à la lunette de Darmay, et le 29, il repousse une partie de l'ennemi. Charleroi capitule le 11 octobre.

Peri et son régiment continuent la campagne de Flandre jusqu'en 1697. En 1701, il est envoyé à l'armée du Rhin et est nommé brigadier d'infanterie, le 29 janvier 1702, et maréchal de camp, le 26 octobre 1704. Son avancement était rapide ; un an après, le roi, pour récompenser de nouveaux services, le nommait lieutenant-général de ses armées (1). Voici, d'après les mémoires de Villars, ce qui lui valut cette extraordinaire fortune.

---

1. Toutes ces dates sont extraites des archives du Ministère de la Guerre et figurent sur une copie authentique de ses états de service.

« Villars était près d'Haguenau ; il voulait abandonner la place. Dans un conseil de guerre, M. de Pery, officier étranger, offrit de la défendre et promit sur son honneur de sauver la garnison. Il loua sa résolution et lui donna de quoi la soutenir. Il se défendit parfaitement bien par un très gros feu (octobre 1705) faisant perdre un millier d'hommes au prince Louis de Bade, enfin voyant deux brèches ouvertes, il demanda à capituler. Le prince de Bade ne voulut le recevoir que prisonnier de guerre. Sur quoi, M. de La Chaux qui était allé porter les articles, revint disant que la garnison était résolue à se défendre jusqu'au dernier homme. Alors, M. de Pery, après avoir laissé M. de Herling avec quatre cents hommes pour tenir les derniers postes, sortit entre les huit et neuf heures du soir par la porte de Saverne. Ayant renversé une garde de cavalerie qui fermait cette avenue, il arriva avec toutes ses troupes au point du jour à Saverne. M. de Herling le rejoignit avec le reste quelques heures après, n'ayant laissé dans Haguenau qu'environ cent malades ou blessés et n'ayant eu dans sa route qu'un seul officier tué et sept à huit soldats. En remerciant le ministre Chamillard des grâces que Sa Majesté accorda aux officiers de la garnison, Villars lui écrivit le 27 octobre 1705. « J'ai vu un temps que nos Français auraient été vivement touchés de voir un étranger se distinguer parmi eux autrement qu'en les imitant » (1.)

1. *Mémoires de Villars*, p. 192, tome LXIX, de la collection de mémoires sur l'*Histoire de France*. Cf. Duc de Villars, *Mémoires*, La Haye, 1725 ; Feuquiere, *Mémoires*, Londres, 1736 ; Garzoni, *Storia Veneta*, libro IX, Venise, 1710 ; Saint-Simon, *Mémoires*, Hachette, 1878, t. III. Germanes, *Histoire des Révolutions de l'Ile de Corse*, Paris, 1776, et Pommereul, *Histoire de Corse*, 1779, ont confondu les deux marquis de Peri avec Hyacinthe, frère de François

Peri reçut son brevet de lieutenant-général le 22 octobre 1705, le 11 mai 1706, il reprit Haguenau et imposa à la garnison les conditions que lui avaient faites quelques mois auparavant le prince de Bade. Mais l'ennemi n'échappa pas et Peri fit deux mille prisonniers (1). On le rencontre en mai 1707 à l'entreprise de l'île de Marquisat sur le Rhin ; en septembre 1707, il combat avec neuf escadrons contre le duc de Hanovre commandant les Impériaux.

Le régiment de Peri fut définitivement réformé le 28 janvier 1715. Jean-Baptiste mourut le 4 mars 1721, laissant une fille, Mme de Flacourt (2) qui vivait encore en 1768 : elle conserva toujours des relations de correspondance avec ses parents de Corse. Dans une lettre autographe qu'elle adressa à Gian-Battista Peres, amiral de Corse sous Paoli, elle marque son étonnement de ce qu'il porte le nom de Peres alors que son père, dit-elle, s'était toujours appelé marquis de Peri (3).

2° Don Giovanni, docteur es-lois canonique et civile, doyen de l'église San-Lorenzo dei Peri en 1636. A Rome, probablement attaché au Vatican en 1637, fut nommé par bulle du pape

qui ne paraît jamais avoir quitté le service de Venise. Il existe aux Archives du dépôt de la Guerre (*Pièces originales*, vol. 1847, n° 36), un rapport envoyé par Jean-Baptiste Peri lui-même sur le siège de Haguenau et l'évacuation de la place. Ce document a été donné dans les *Mémoires militaires relatifs à la succession d'Espagne* publiés dans les *Documents inédits sur l'histoire de France*, par le lieutenant-général Pelet. tome 5.

1. Mêmes mémoires.

2. Germanes, Pommereul, *op. cit.*

3. La correspondance de Mme de Flacourt avec le comte Peres m'a été obligeamment communiquée par M. Patacchini-Pinelli, instituteur à Linguizzetta (Corse).

Urbain VIII (octobre 1637) (1) recteur à Sant'-Angelo-dei-Coppi, San-Giuliano di Fozzano et de San-Giacopo. Il vivait en Corse en 1675 ;

3° Antonio-Maria-Giulio, qui suit ;

4° Angelo-Francesco, né vers 1645, capitaine en janvier 1665, employé à Légnago, en 1666, dans la Dalmatie (2), comte au titre piémontais, par brevet du 31 janvier 1680. Il remercia la Duchesse par une lettre de Vérone, 22 mars 1680 (Turin, *Archives d'Etat*). Le 26 avril 1694, le commissaire Botto d'Ajaccio certifie qu'Angelo-Francesco ainsi que ses frères Paolo et Antonio-Maria habitant Vérone, sont issus d'une des plus anciennes maisons de la Corse. Il commandait depuis 1691 la place de Vérone (3). Le 23 mars 1706, il épousa Emilia, fille du comte Ercole Giusti, et de la comtesse Italia née d'Olivieri (4). Angelo perdit sa femme le 17 mai 1712 (5). En 1721, il possédait encore à Peri l'antique maison des delle Pere (6); il mourut le 3 novembre 1725 à Settimo-di-Vallepolicella-Veronese, âgé de quatre-vingts ans. Il fut enseveli dans l'église Santa-Maria alla Ghiaja (7) ;

---

1. Bulle originale en parchemin (*Arch. Peres*) : pièces justificatives.

2. Vérone, *Biblioteca civica*, *Atti dei capitani in Legnago*. Lettre ducale du 4 février 1666 de Contarini.

3. Venise. Requête au Sénat, 14 août 1691 et décret du Doge Morosini, 18 septembre 1692, lui accordant un congé d'un mois de sa charge, d'après rapport du Sage à l'écriture, (le ministre de la guerre à Venise).

4. Vérone, *Archivio notarile*, not. Seriati (Antonio).

5. Vérone, Registres de *Santa Maria alla Fratta* conservés à l'église Santi Apostoli ; et Registres de la Sanità, bibl. civique, vol. XIX, p. 23.

6. Vérone, *Cancelleria pretoria veneta*, Testament du 6 janvier 1721, not. Naupo (Francesco), ouvert le 4 novembre 1725.

7. Vérone, *Biblioteca civica*, *Registres de la Sanità* (vol. XXII, p. 60) et Reg. Paroisse de Castelrotto, Negarine.

5° Francesco-Maria, capitaine en 1650, commandant de la place d'Asola en 1684 (1) ;

6° Pietro-Paolo, auteur d'une branche restée en Corse rapportée plus loin;

7° Paolo, né en 1652, capitaine à Vérone en 1678 (2), comte piémontais en 1680, possédait encore des biens en Corse en 1697 (3), mort à Vérone le 14 décembre 1700 (4), sans alliance ;

8° Pier-Francesco (5) vécut en Corse.

IV. — *Antonio-Maria*, dit *Antonietto - Giulio dalle Pere* ou *Peres*, né vers 1640, fit ses premières armes en Dalmatie (6), colonel à Venise en 1663 (7), en 1675, commande la place de Legnago (8). Le 29 mai 1676, il acheta à Vigo des biens appartenant au monastère de Santa-Maria di Reggio (9). Par lettres patentes du 31 janvier 1680, Marie-Jeanne-Baptiste de Savoie le créa comte avec ses frères. Il fit son testament le

---

1. Vérone, *Arch. Perez*. Arbre généalogique ancien.

2. Vérone, *Arch. not.* not. Bernardi (Francesco), Busta 1434, 22 octobre 1678, et pièce Muttoni, 21 novembre 1678.

3. Vérone, *Arch. not.*, not. Zambelli (Domenico), 19 juillet 1697.

4. Vérone, *Bibl. civ. Reg. Sanità*, vol. XVII, p. 45.

5. Vérone, *Arch. Perez, ut supra.*

6. Venise, *arch. di Stato, Senato III, Secreta*, Lettere proveditor général di Dalmatia (Foscarini) Lettre Trau, 14 septembre 1651 ; Zara, 21 novembre 1651 et 18 avril 1652.

7. Vérone, *Arch. notarile*, not. Muttoni (Domenico), 10 janvier 1663.

8. Vérone, *Bibl. civica, atti de' capitani di Legnago*. Lettre ducale du 10 juin 1675 ; il remplaçait Fiorello Cavanis.

9. Vérone, *Archi. notarile*, not. Vanti (Bartolomeo). Il est dit gouverneur des milices de Legnago et Porto, fils de feu Cesare de feu Giovanni de la ville d'Ajaccio, royaume de Corse.

20 octobre 1688 (1). De sa femme Aurelia, fille du comte Trifone Memo, de Venise, qu'il avait épousé le 23 février 1671 (2), il eut :

1° Elisabetta, en religion Maria Aurelia, morte à Mantoue après 1713.

2° Cesare, qui suit.

3° Giulia, morte le 2 janvier 1738 à Vérone, à l'âge de cinquante-quatre ans.

V. — *Cesare*, comte *Peres*, né vers 1672, décédé à Vigo, le 22 octobre 1736 (3), capitaine au service de Venise en 1693, autorisé à lever des troupes Corses par décret du 8 mai 1694 (4), colonel en 1703 d'un régiment qu'il avait également levé (5). Après avoir longtemps habité Vigo, il revint à Vérone à la mort de son oncle Angelo Francesco dont il avait hérité. Il épousa le 5 février 1697 (6), Elisabetta, fille du comte Matteo Pisani, pro-

---

1. Vérone, *Arch. notarile*, not. Trecio (Antonio) Busta 10933.

2. Vérone, *Arch. Peres*, Pièce Memo 10 juin 1677 du magistrat *Esaminator* de Venise ; autre pièce du 30 janvier 1680.

3. Legnago, Reg. de la paroisse de *Vigo*, p. 151, ainsi que pour tous les fils de Cesare Peres, p. 164, 174, 188, 218, 232, 257, 270.

4. Venise, *Arch. di Stato, Senato Terra*, filza 1177.

5. Vérone, *Bibl. civica, Atti cap. Legnago :* busta 68. Le 19 février 1710, cinq compagnies de son régiment marchaient de Vérone à Legnago (*ibi*, busta 74) en 1716 son lieutenant colonel est Andrea Pauli (*ibi* busta, 19). Le 26 septembre 1716, le capitaine Gio-Battista Ornano, Corso déclare à Legnago (notaire Bagarotto Bortolo) qu'il a avec le colonel Pozzi (probablement Pozzo di Borgo) des engagements antérieurs à ceux qu'il a contractés avec le comte Cesare Peres. Dans une requête à la signoria de Venise, Cesare fait valoir que sa famille a fourni *dix-sept régiments* à la République.

6. Venise. Registres de la paroisse Saint-Samuel, ensuite S. Stefano, vol. XIV, p. 99.

curateur de Saint-Marc (née vers 1683, décédée à Vigo le
2ʲ novembre 1733), dont il eut :

1° Mattea, née le 24 février 1700 à Vérone, morte le 22 mars
1752, mariée le 25 janvier 1736, au comte Gian-Battista Pol-
franceschi. Veuve en novembre 1736.

2° Antonio-Maria, qui suit.

3° Gio-Andrea, né le 27 avril 1707, à Vigo.

4° Maria-Aurelia, née le 11 septembre 1708.

5° Francesco-Maria-Nicolò, né le 13 novembre 1709.

6° Ferdinando-Carlo, né le 11 décembre 1712, décédé enfant.

7° Elena, née le 4 mars 1715, religieuse à Vérone, décédée le
6 avril 1788.

8° Maria-Elisabetta, née le 16 février 1717, aussi religieuse à
Mantoue, décédée vers 1788.

9° Angela-Francesca, née le 28 octobre 1719, religieuse, vivait
encore en 1788.

10° Catterina, née à Vigo le 14 octobre 1721, morte le 26 février
1790, mariée le 20 novembre 1751, au comte Francesco Torri.
Veuve 21 novembre 1779.

VI. — *Antonio-Maria*, comte *Peres*, né à Vigo, le 16 janvier
1706, décédé le 3 avril 1757, épousa le 4 janvier 1742, Teodora
Sagramoso (fille du comte Giulio Sagramoso (de Vérone) et de
la comtesse Elisabetta, née Lando), née en la paroisse de San
Paolo, le 13 février 1718, décédée le 22 août 1747. Le 21 avril
1749, il épousa en secondes noces Angelica Franco (fille du
comte Conforto Franco et de la comtesse Angelica, née Ponte-
dera), morte le 17 avril 1752. Antonio-Maria fit son testament
le 20 mars 1757 et mourut peu de jours après ; il avait recom-

mandé ses enfants au mari de sa sœur Cattarina, le comte Francesco Torri. Il fut enseveli dans l'église Santa-Maria alla-Ghiaja. Du premier lit naquirent :

1° Giulio-Cesare, né le 14 décembre 1744, mort en bas-âge.

2° Teresa-Margherita, née le 5 novembre 1745, décédée 17 avril 1750.

3° et 4° Angela-Francesca et Anna-Maria, jumelles, nées le 6 septembre 1746. Anne mourut en naissant : Angela fut religieuse sous le nom de Fortunata Gertrude et décéda à Vérone, le 11 juin 1809. Du second lit :

5° Antonio-Maria, qui suit.

6° Ludovico-Maria, né le 13 avril 1751, moine Olivetano.

7° Teresa-Maria-Serafina, née le 13 avril 1752, décédée en 1757.

VII. — *Antonio-Maria*, comte *Perez* ou *Peres*, né le 31 mars 1750, mort le 6 mars 1822, marié à Caldiero le 24 novembre 1768, à Marianna Da Prato (fille du comte Luigi Da Prato et de la comtesse Cristina née Sagramoso), née 1er août 1749, décédée 1er mars 1804, dont :

1° Antonio-Maria, né le 13 mars 1770, décédé le 23 août 1853, marié le 8 juin 1807 à Rosa-Laura-Balladoro (fille du comte Luigi et de la comtesse Marianna, née Guerrieri).

2° Angelo-Giacinto, né et décédé en 1771.

3° Francesco-Maria, né le 5 mai 1772, décédé le 8 mai 1810 à Zevio.

4° Angelica-Maria, née le 4 octobre 1773, décédée en bas-âge.

5° Paolo-Ludovico, docteur-ès-lois, né le 18 mai 1775, décédé le 29 décembre 1809.

6° Giovanni-Battista, qui suit.

7° Teresa-Cristina, née le 1er novembre 1781, décédée le 31 août 1805, mariée au comte Frédéric-Serego-Allighieri le 19 novembre 1799.

8° Angelica-Teodora, née le 20 avril 1782 et décédée en 1789.

9° Angelica-Giacinta, née le 2 juillet 1784, décédée le 22 mai 1791.

10° Luigi-Giacinto, né le 13 février 1786, décédé le 22 janvier 1846.

VIII. — *Giovanni-Battista*, comte *Perez*, chevalier de l'ordre de François Ier d'Autriche, né le 28 juin 1778, décédé le 9 janvier 1852, marié le 27 août 1815 à la comtesse Elena Montanari (fille de comte Alessandro et de comtesse Giulia, née Serego Allighieri), née le 12 février 1785, décédée le 19 mars 1864, dont :

1° Antonio, né en septembre 1816, décédé le 10 janvier 1818.

2° Marianna, née le 13 juillet 1818, décédée le 11 novembre 1853, mariée à Alessandro Schiavoni le 19 février 1843.

3° Antonio-Maria Gaetano, né le 5 août 1819, décédé enfant.

4° Antonio-Luigi-Nicolo qui suit.

5° Don Paolo-Maria, prêtre, né le 3 mai 1822, mort le 15 septembre 1879 à Stresa (Lagomaggiore).

6° Alessandro, auteur du rameau cadet de Vérone.

7° Luigi-Maria, prêtre, né le 13 juillet 1826, décédé le 12 juin 1895.

8° Francesco-Maria, né le 13 février 1832, périt le 8 octobre 1860, dans le lac de Garde, docteur-ès-lois, marié le 24 novembre 1855 à Giuseppina Arvedi, décédée avec lui sans postérité.

IX. — *Antonio-Luigi-Nicold*, comte *Perez*, grand officier de l'ordre des Saints Maurice et Lazare, docteur ès-lois, né le 10 mai 1821, décédé le 4 janvier 1890, marié le 29 avril 1851 à la noble Anna da Lisca (fille du comte Alessandro, et de noble Lavinia Carteri):

1° Giovanni-Battista-Giuseppe, qui suit.

2° Elena-Alba, née le 23 avril 1856, mariée le 24 avril 1884 à M. Giuseppe Fochessati de Mantova.

3° Cesare, né le 7 octobre 1858, décédé le 14 janvier 1891.

4° Francesco-Maria, docteur ès-lois, né le 19 juin 1861.

5° Lavinia-Giulia, née le 19 juin 1863.

6° Luigi, né et décédé en 1863.

7° Beatrice-Anna, née le 15 août 1865.

8° Luigi, né le 1ᵉʳ août 1867, décédé le 20 juillet 1868.

9° Maria-Giuseppa, née le 5 mai 1869.

X. — *Giovanni-Battista-Giuseppe*, comte *Perez-Pompei*, né le 10 février 1854, docteur ès-lois, marié le 24 juin 1889 à la comtesse Luisa Casati de Plaisance (fille du marquis Antonino, et de la comtesse Chiara Scotti-Douglas), a hérité le 22 avril 1885 du comte commandeur Antonio-Pompei ; il est autorisé par décret royal à ajouter le nom de Pompei à celui de Perez (1).

1° Anna-Maria, née le 18 mai 1890.

2° Chiara, née et décédée en 1891.

3° Antonio-Maria, né le 16 août 1894 à Illasi Véronese.

---

1. Décret du roi 14 septembre 1886, enregistré à la *Corte dei Conti* le 15 novembre 1886 : f° 152 : registre n° 46.

Second rameau de Vérone

IX. — *Alessandro*, comte *Perez*, Chevalier de la Couronne d'Italie, né le 30 septembre 1823, ingénieur, mort le 31 mai 1882, marié le 21 mai 1851 à noble Teresa Marinelli (fille de nob Filippo et de la comtesse Paulina née Cipolla) née le 12 janvier 1831.

1° Giovan-Battista-Filippo-Antonio, qui suit.

2° Giovanna-Elena, née le 31 mai 1853, décédée le 24 août 1853.

3° Filippo-Maria, né le 7 septembre 1855.

4° Paolo-Antonio, né le 18 octobre 1856, décédé le 11 juin 1857.

5° Paolo-Francesco, né le 18 juillet 1858.

6° Paolina-Lavinia, née le 27 octobre 1859, mariée le 1 octobre 1877, au chevalier Joseph Bensa, de Porto-Maurizio.

7° Amalia-Eléna, née le 29 décembre 1864, décédée le 6 février 1866.

X. — *Giovan-Battista - Filippo-Antonio*, comte *Perez*, né le 13 mai 1852, ingénieur.

Rameau corse

IV. — *Pietro-Paolo Peri*, ou *Peres* fils de Cesare Pere, né vers 1641, noble-six pour la piève d'Ajaccio (1) en 1692; est

---

1. Autorisé comme tel à porter des armes offensives et défensives par décret du commissaire du 18 novembre 1692 et convoqué le 25 octobre 1672 à une consulte par le commissaire Spinola d'Ajaccio (*Arch. Perez* à Vérone).

nommé dans le certificat du commissaire d'Ajaccio relatif à la noblesse des Peres (1694) (2). De Maria N, son épouse, il eut :

1° Francesco (2), que l'on croit avoir été officier en France en 1681 environ.

2° Andrea (3), capitaine de milices corses au service de Gênes, marié le 3 juin 1691 à Maria-Maddalena, fille de Alessandro, des feudataires d'Istria dont six filles ; mort en Corse en 1739.

3° Francesco-Maria, qui suit.

V. — *Francesco-Maria*, comte *Peri*, ou *Peres*, colonel au service de la France en 1691 (4), épousa Chiara-Maria N, dont :

1° Giovan-Battista, qui suit.

2° Angelo-Francesco : décédé 1721.

3° Pier-Francesco : décédé 1729.

VI. — *Giovan-Battista*, comte *Peres*, chevalier de Malte, colonel du Royal-Italien en France, chevalier de Saint-Louis. A la suite d'une fâcheuse affaire avec le lieutenant-colonel de son régiment, il se sauva et fut condamné à mort (5). Paoli le nomma amiral de la marine corse en 1765. En 1768 il combat cependant dans les rangs de l'armée française à Vescovato et à l'Ile-Rousse. En 1769, il était à Ajaccio (6). On ignore sa postérité.

---

1. Concernant également ses frères. Cf, pièces justificatives.

2. Vérone. *Arch. Perez*. Ancien arbre généalogique.

3. Mariage célébré à Sollacaro (Corse). Expédition délivrée le 17 octobre 1739, aux archives du comte Giovan-Battista Perez.

4. Ancien arbre généalogique Perez à Vérone.

5. Jollivet, *la Révolution Française en Corse*. Paris, 1891.

6. Tommaseo (Nicolò) *Vita di Pasquale Paoli*, dans l'*Arch. Storico italiano*, tome XI, Firenze, 1846 : Bosswel (Jacques, *Etat de la Corse*, Londres, 1769. Cambiaggi, *Storia di Corsica*, Firenze, 1771 : Touchard-Lafosse, *Chroniques de l'Œil de Bœuf* : Jacobi, *Hist. gén. de la Corse*. Paris, 1835 : Germanes, Pommereul, op. cit.

DOCUMENTI

1580

DUCE E GOVERNATORI DELLA REPUBLICA DI GENUA.

Havendosi li nob. Gio-Filippo e Gio-Ghilardo fratelli e figli del quondam Gulielmo dalle Pere fatto constare per testimonii examinati dinanti l'Illmo Tomaso Carboni nostro Governatore nell'isola nostra di Corsica, e per la dichiaratione di esso nostro governatore e sue Patenti di quatro Febraro 1525 loro esser Gentiluomini in quell' Isola discendenti da Lorenzo dalle Pere e non solito pagare le taglie nè angarie di sorte alcuna et esser da detto nostro Governatore stati dichiarati franchi, Richiesti loro per parte di detti Fratelli la confermatione, siamo stati contenti, atteso le cose predette de nota e fedi due fattici dalli loro antenati nell'occasione di nostro servizio, in confermar le detti Patenti. Et in vigor delle presenti nostre liberarli et esimerli, siccome liberiamo et esentiamo e così loro figliuoli, dal pagamento delle ordinarie, trasordinarie taglie, angherie, direttive poste et da imponersi di cose per la Camera nostra : come fra popoli a bene placito noi loro.

Ordinamo percio all'Illustrissimo Generale Governatore in detta di Solvere, et al nostro Comissario in Agiazo per suoi heredi e successori. Che cosi commettiamo e promettiamo. E loro Fratelli tengano nel numero di nostri Cari et amatissimi, fedelissimi.

Tali valeranno loro : per fede se le sono fatte le presenti. Impresse con il nostro solito sigillo, e firmate dal detto Cancelliere segretario dello stato nostro di Corsica.

Data in Genua, nel nostro Ducal Palazzo.

Addi 18 Novembre 1580.

(Archivio Perez in Verona).

BOLLA DI PAPA URBANO AL REV° GIO-PAULO PERI DOTTORE E RETTORE DELLA CHIESA DI SANT'-ANGELO DE COPPI.

1637

Urbanus Episcopus servus servorum Dei, Dilecto Filio Johanni Paulo Pere Rectori eccliæ Sancti Angeli de Cuppis, Adiacen. diocesis, Utriusque Juris Doctori, Salutem et apostolicam benedictionem. Sinceræ dilectionis affectus, ac morum honestas, aliaque laudabilia probitatis et Virtutum merita super quibus apud nos fuerunt mandata testimonia, nos inducunt ut illa favorabiliter tibi concedamus, quæ tuis comoditatibus fore prosequimur opportuna. Cumque itaque hodie tu parochialem eccliam Scti Laurentii loci de Peri, Adiacen. dioces. de qua alias tunc per liberam resignationem illius tunc possessoris de

illa quam tunc obtinebat, causa tamen permutationis pro nonnullis aliis beneficiis ecclesiasticis, in manibus Ordinarii loci
sponte factam, et per eumdem Ordinarium admissam, vacante,
primo ordinario deinde apostolica auctoritate ab anno et ultra
sub artes, modo, et formas tibi promissam fuerat, et quam tunc
obtinebas, in manibus nostri sponte et libere resignaveras :
nosque posteriorem resignationem hanc admittentes, ecclesiam
prædictam per resignationem eamdem apud Sedem apostolicam, tunc vacantem — et antea dispositioni apostolicæ reservatam, dilecto filio Pruficino Gratietto Rectori dictæ ecclesiæ
per alias nostras literas contulivimus. Et de illa etiam provide-
vimus prout in illis plurima continetur. Nos tibi, ne ex resigna-
tione hujus, nimium dispendium patiaris, de aliomne subven-
tionis auxilio providere ac præmissorum meritorum tuorum
introitu specialem gratiam facere Volentes, teque qui ut asse-
ris Sancti Angeli de Cuppis, et Sancti Quilici de Fozano, nec
non Sancti Joniti Aleriens. et Adiacens, respective dioces. cum
cura et personalem residentiam non requirentes, ecclias, qua-
rum in simul fructus, redditus, et proventus Vingintiquator
ducatorum auri de Camera secundum communem extimationem
valorem annuum non excedunt, obtineas. Quibusvis excommu-
nicationis, suspensionis, et interdicti, aliisque ecclesiasticis
sententiis, censuris, et pœnis a jure vel ab homine quavis
occasione vel causa latis, si quibus quomodolibet innodatus
existis, ad effectum præsentium dumtaxat consequendum, ipso-
rum serie absolventes, et absolutum fore censentes. Tibi pensionem annuam ab omne et quacumque etiam novissima per
nos, ac per felicis recordationis Paulum Pontif. Quintum, Præ-

decess. nostrum imposita et imponenda decimaquarta modia, et quamvis alia fructuum parte, subsidio et donativo, et quocumque alio tam ordinario quam extraordinario onere, quoties munito, imposito, et imponendo quavis et apostolica vel ordinaria auctoritate, et ex quacumque, et quotannis urgenti, urgentissima, et maneat ac.... celeritate exprimendo ea, et pro ecclesiastico puerorum Seminario, ac reparatione et fabrica Basilicæ Principum Apostolorum de Urbe, Cinerata sancta, et expeditione contra Turchas vel alios Infideles, et pro sustentatione et manutentione Classis Triremium, et ad Imperatoris, Regum, Reginarum, Ducum, Rerumpublicarum, vel aliorum Principum instantiam dimittendam, et contemplationem canon. vel de facto et motu proprio nunc impositis, et pro tempore imponendis, etsi in impositionibus litera caneatur expresse : « quod pensionarii quicumque pro rata pensionum suarum et quomodolibet exemptionem præmissis oneribus contribuere teneantur ». Quam valorem dictus Pruficinus tam suo quam sanctorum infrascriptorum nomine de suo et eorum proprio solvere promittet, ac omne et totum id quod propterea solverit vel solverint. Quod prædictam ratam, pro tempore quoties concernet, tibi et ex nunc donat, et grosse remittit, ac donatum et remissum esse vult et fore promittit, et donatione proprio jure et irrevocabili quo dicitur fieri inter Vivos perpetuo valitura, nec non belli, pestis, incendii, grandinis, tempestatis, alluvionis, inundationis, depredationis, siccitatis, incursus militum, ac quibusvis aliis fortuitis et inopinatis ac evenire insolitis casibus pro tempore contingentibus, liberam, immunem, et exemptem Vigintiquatuor ducatorum similium super dictæ eccliæ Scti Laurentii fructibus, redditibus, proventibus, juribus, obventionibus, et emolumentis universis, certiset incertis, ad valorem annuum centum et triginta ducatorum parvum annualium ascendentibus, ut ipsomet Proficino se optime informatum esse, et id certo scire, et medio in acto asserit, et cuicumque exceptioni contrariæ expresse renunciat : teque ab illius justificatione prorsus et ore absolvit et liberat, et omne illius justificationis in se assumit. Tibi quoadminus, vel procuratori tuo ad hoc a te speciale mandatum habenti, per dictum Pruficinum cujus ad hoc express·is audivit assensus, et successores suos ecclesiam Scti Laurentii prædictam pro tempore quoties antea annis singulis *hic Romæ, vel alibi ubi te pro tempore comorare contigerit,* huic termino usque quoties festivitate dedicationis Sancti Michaelis Archangeli, primam dictæ pensionis solutionem, a proxime ventura ejusdem Sancti festivitate incipiendo, et fundare de anno in annum ac termine in terminem sumptibus et expensia dicti Proficini et pertinentibus ei, et successoribus presbiteris cum intimatione illarum in vigore nostris literis aliquem præsens reservatio nulla sit culpa, et dummodo ex fructibus dictæ eccleie Scti Laurentii illis Rectori pro tempore, exempti centum ducati liberi annualium remaneant integre persolvenda, apostolica auctoritate, earum cum tenore præsentium, reservamus, constituimus, et assignamus. Decernentes Pruficinum et successores presbiteros ad integram solutionem dictæ pensionis tibi faciendam juxta reservationis constitutorum, et assignationis prædictorum tenore fore efficaciter obligatos. Ac Volentes, et eadem auctoritate prout antea, quod ille ex Proficino et succes-

6

soribus presbiteris qui in dicta festivitate, vel saltem infra triginta dies illam immediate sequentes pensionem prædictam per
eum tibi tunc debitam non persolverit, cum essent lapsis diebus eisdem, sententiam ex ore maneatur, qua donec tibi vel
procuratori prædicto de pensione huic tunc debita integre
satisfactum, aut alias tamen, vel cum dicto Joanne super hoc
amicabile concertatum faciat... constituimus, absolutiones
hominum nequeat obtinere. Si vero per sex menses dictas triginta dies immediates sequentes, sententiam ipsam anno quo
absit sustinuerit indurate, et tunc effluxis mensibus eisdem,
dicta ecclia Scti Laurentii perpetuo privatus restet : illaque
vacante auferatur corpa. Non obstantibus constitutionibus, et
ordinationibus apostolicis contrariis quibuscumque. Aut si Proficino et successoribus presbiteris, vel quibusvis aliis absens.
aut divisim ab eadem sit sede indultum quod ad præstationem
vel solutionem pensionis alienis minime teneantur : et ad id
auferri non possint per literas apostolicas non facientes plenam
et expressam, ac de verbo ad verbum de indulto hujusmodi
mentionem. Et quibuslibet alia dictæ sedis indulgentia generali
et speciali, cujuscumque tenoris existat per quam præsentibus
non expressam vel totaliter non insertam effectus hujus gratiæ
impediri valeat quomodolibet, vel differri : et de quo cujusque
toto tenore habenda sit in nostris literis mentio specialis. Volumus autem quod tu de cœtero remaneas inabilis ad parochiales
ecclesias, earumque pensiones vacantes in concursu consequendas. Nulli ergo omnino hominum liceat hanc paginam
nostræ absolutionis, reservationis, constitutionis, assignationis,
decreti, et voluntatis infringere, vel ei ausu temerario contra

ire. Si quis autem hoc attemptare præsumpserit, indignationem
Omnipotentis Dei, ac Beatorum Petri et Pauli, Apostolorum
ejus se noverit incursurum.

Datum Romæ, apud Sctam Mariam majorem, anno Incarnationis Domini millesimo, sexcentesimo, trigesimo septimo,
2 Kalendas Octobris. Pontificatus nostri anno quintodecimo.

ALTRA BOLLA DEL PAPA URBANO VIII°

Urbanus Episcopus servus servorum Dei. Dilectis Filiis Mateo
Vincentio Costaguto in utroque jure Referendario, Venerabilis
Fratrum nostrorum consilio, Aleriens. ac Adiacens. Gubernat.
in spiritualibus Generali, salutem et apostolicam benedict.
Hodie cum dilectus filius Joannes Paulus Peres, Sancti Angeli
de Cuppis, Aleriens. dioces. et nuper parochus Scti Laurentii
loci de Pere, Adiacens. dioces, Artium etiam, utriusque Juris
Doctor, dictam eccliam, tunc per liberam resignationem illius
tunc possessoris de illa quam tunc obtinebat causa in permuta-
tione pro nonnullis aliis beneficiis ecclesiasticis in manibus
Ordinarii loci sponte factam, et per eumdem Ordinarium admissam, vacante primo ordinariis, deinde apostolicis auctoritatibus
sub artes, modo, et forma dicto Joanni Paulo promissum fuerat
et quam tunc obtinebat, in manibus nostris sponte et libere
resignasset, Nosque resignationem posteriorem hme (humil-
lime) admittentes secundo dictam eccliam per posteriorem resignationem hmoi (hujusmodi) vacantem, et auctoritate dispositioni apostolicæ reservatam, dilecto filio Pruficino Gratietto

secundo dictæ eccliæ Rectori pro quasdam contrivissamus (?) et de illa etiam providimus. Nos eidem Joanni Paulo pensionem annuam literis tunc expressis modo et forma, liberam, immunem, et exemptem Vigintiquator ducatorum auri de Camera super secundo dictæ eccliæ fructibus, redditibus, proventibus, juribus, obventionibus, et emolumentis universis certis et incertis sibi quoad vixerit, vel procuratori suo item per dictum Proficinum et successores suos secundo dictam eccliam pro tempore quoties datis annis singulis in cartis,loco, et termino, et tunc expressis sub ex ore sententiam, et deinde permutationis prætium integre persolvendum ipsius..... Proficino ad id expresso tunc accordante consensu, per alias nostras literas reservavimus, constituimus, et assignavimus; prout in singulis literis prædictis plurima continetur. Quocirca discretioni Vestræ per apostolica scripta mandamus quatenus Vos, vel una, vel Unus Vestrum, sive posteris dictæ posteriores literæ Vobis præsentatæ fuerint, per Vos, vel alium, sive alios, faciatis auctoritate nostra pensionem ipsam Joanni Paulo quoad vixerit, vel procuratori prædicto,juxta reformationis constitutiones, et assignationis ptarum, ac de acti nostris in dictis posterioribus literis appositi continentiam et tenorem integre persolvi. Et nihilus quantus ex Pruficino et successoribus prædictis quem hmoi ex oris sententiam invenisse Vobis constiterit quoties super hoc pro parte dicti Joannis Pauli fueritis requisiti, tamdiu dominicis et aliis festivis diebus in ecclia dumtaxat..... populi multitudo ad divina convenerit, excommunicatum publice maneatur, et faciatur ab aliis enunciari, ac ab aliis admonitum, donec Joanni Paulo, vel procuratori prædicto de pensione huic tunc debita fuerit integre satisfactum usque excommunicatum, ac hmoi ex oris sententia absolvimus, liberum maneat obtinere contritionem per censuram ecclesiasticam appellare confessando. Non obstantibus ecclesiasticis quam dictis posterioribus literis Voluimus non obstare..... si Pruficino et successoribus prædictis vel quibusvis aliis absens aut divisim ab eadem sit sede indultum quod interdire sufficerit, vel excommunicari non prius per literas apostolicas non facientes plenam et expressam, ac de verbo ad verbum de indulto hujus mentionem. Volumus autem quod dictus Joannis Paulus de cœtero remaneat inabilis ad parochiales ecclesiasticas pensiones vacantes in concursu consequendas.

Datum Romae, apud Sctam Mariam majorem, anno Incarnationis Domini Xρi millesimo sexcentesimo trigesimo septimo. 2 octobris. Pontificatus nostri anno quintodecimo.

In Nomine Domini Nostri Jesu Christi, et ejus Sacme Mat. Virg. Mariæ.

Acta in Comitijs Magce Civitatis Veronæ, de quibus rogatus fui ego Paulus Zazzaronus, Civis, et ejusdem Cancellarius, anno a salutifera Dni Nri Jesu Christi nativitate.

1664

(omissis)

Die Sabbathi 15 martij post nonas 1664, in Cons° XII et L^{ta}
Præsidentibus Ill^{mis} D. D. Rectoribus cù Clar^{mis} D. D. Quæsto-
ribus in V. 42 (in votis 42).

Pro Jo : Paulo Doct^e et fran^{co} Maria Colonello, et alijs de
familia Peres.

Quorum supp° inf^a (supplicatio infrascripta) iterum lecta
fuit, super qua de loco concionis favorabilem fecit relat^m (relationem) Madius de Madijs cum præsentia Cosmæ Brenzoni ejus
Collegæ ibi adstantis, quibus juxta leges obtigit pilula aurea.
Posita fuit pars :

Quod conced^r (concedatur) supplicantibus ut in eor. supp^{ne}
(eorum supplicatione).

Contradixit D. Carolus Peregrinus Jurista de add^{ne} ord^{ria}
Cons. XII, Off° fungens ll. Controd^{ris} (de additione ordinaria
Consilii XII officio fungens legum Contradictoris). Latis tandem
suffragiis pars approbata remansit cum V. 34 pro, 4 con. (cum
votis 34 pro, 4 contra).

Illmi et ec^{mi} Sig^{ri} Rettori

Gravissmo Conseglio.

La gloria militare trasse, già sono molti Anni, di Corsica
gran parte della famiglia nra (nostra) Peres ad'impiegare
quali si siano, i suoi talenti in servitio di questa Ser^{ma}.

Rep^{ca}. Nel corso di otto Lustri in più cimenti e battaglie ha dato saggio a Pnpe cosi grande della propria virtù, e devotione : onde nell'universale fregiata da S. Sertà (Sua Serenità) d'encomio decoroso di famiglia benemerita, anco nel particolare tre suggetti del sangue nro (sia detto senza giattanza) rimarcati dalla publica munificenza di titoli speciosi, vivono al presente in Cariche honorifiche di Colonelli, di Governatori, et Sopraintendenti in piazze importanti, et sopraintendenti alla Natione stessa.

L'occasione di tale impiego spinse per varij casi noi Gio : Paolo Dottore e Franco Maria Colonello, ambi fratelli della soda famiglia Peres a veder diverse Città dello Stato Veneto, et eccitò pur anche il desiderio nro sotto il felice Clima di questo Sermo Dominio di fermare una volta in alcuna di esse perpetua la nra habitatione.

Nodrita perciò lungo tempo, e di già adulta questa honorata brama, perchè tra le Città da noi vedute e pratticate, null'altra ci si mostrò più grande, che al pari di Verona posseda il vanto di essercitar co' forestieri gli atti di generosità, e di cortesia.

Hormai sono Anni vinti che fessimo ressolutne di aprir in essa l'hospitio nro ; dove sino al giorno d'hoggi l'habbiamo continuato.

Hora perchè l'età nra s'avanza, e per la quiete e riposo che cerchiamo ci convien pensare a stanza permanente, sciegliendo a tal fine fra tutte le altre questa Città Illma, come Madre d'ogni virtù, e volendo servirla e reverirla come Patria d'ogni nra fortuna, con tutta l'humiltà et ossequio de'nri cuori venimo a supplicar l'E. E. V. V. e questo Gravismo. Conso di conceder graciosam^te a noi stessi, et ad Andrea Colonello, et a Giovanni Dott. e loro fratelli nostri nepoti della famiglia istessa, et a tutti i descendenti loro, e nostri in infinito il digniss^mo fregio d'esser aggregati a questa Nob. Cittadinanza.

Per Honor, e per favor tanto segnalato, promettemo come figlioli devotissimi sacrificare in occorenza di suo servitio tutto il sangue, e le sostanze nre, e come sudditi riv^mi soggiacere all'osservanza delle sue leggi, tra quali quella particolarmente del di 24 7bre 1526 verrà da noi immed^te essequita. Gre.

(omissis)

Paulus Zazzaronus Cancell^s.

．
． ．

MARIA GIOANNA BATTISTA

Per grazia di Dio Duchessa di Savoia, Principessa di Piemonte, Regina di Cipro, Madre e tutrice dell' Alt^a R. del Seren^mo Vittorio Amedeo II° Duca di Savoia... e Reggente de suoi stati.

È tanto degna di lode l'innata inclinazione che hanno sempre avuta i Principi di questa Real Casa d'onorare i nobili forestieri particolarmente quando in loro concorevano qualità riguardevoli, che invita noi anche a seguirla con decorare i Sig. Angelo-Francesco, Antonio-Maria e Paulo fratelli Peres, nobili Veronesi, del titolo e prerogative comitali. Tanto più che all'antica nobiltà del loro sangue, sappiamo esservi congiunto il valore di molti capitani nella loro famiglia. onde si è resa per questi due capi, ed altre degne qualità molto commendevole. Che perciò con le presenti, di nostra manò firmate, di nostra certa scienza, con l'autorità come tutrice di sua Atezza Reale mio figliuolo amatissimo e col parere del consiglio agreghiamo i sudetti fratelli Angelo Francesco, Antonio Maria e Paulo Peres al numero dei Vassalli della medema Altezza Reale, creandoli e costituendoli veri e legittimi Conti: di modo che d'hor in avvenire tanto essi che i loro figliuoli, e discendenti in linea retta, primogeniti mascolini, legittimi e naturali, in infinito possano chiamarsi ed intitolarsi Conti. Dando loro a tal effetto facoltà di servirsi ed usare liberamente ed in ogni luogo delle insegne, corona, abito, ed d'ogni altro fregio comitale, e di godere di tutte le preeminenze, prerogative, privilegii, autorità, grazie, esenzioni e dignità, delle quali hanno goduto, sogliono e ponno godere li altri Conti e Vassalli di questa Corona.

Mandiamo a tale effetto alli Magistrati, Ministri, Ufficiali, Vassalli e sudditi di osservare le presenti con fare lasciare godere dell' effetto d'esse i sudetti senza difficoltà, nè contraddizione alcuna. Che tale è nostra mente.

Dato in Torino li 31 Gennaio 1680.

Marie Jeanne Baptiste.

Visto Simeone pro domino Cancellario.

Garagno-Truchi-Delescheraine.

(Torino, Arch. di Stato, Sez 3, no 278).

Controllo Finanze : Reg. 168 : fo 90. vo.

7

..

1680

. Estans présens Messire François de Pery, marquis, colonnel du régiman Corse entretenu pour le service du Roy demeurant à Paris, rue des Prunais verts, à l'hôtel d'Auphin, paroisse Saint-Eustache d'une part, et Messire-Jean-François de Croy abbé........ demeurant à Paris susdite rue et paroisse, au nom et comme ayant charge de Messire Hyacinthe de Pery son frère, général de la Serenissime république de Venise résidant à Véronne en Italye par lequel ledit sieur abbé de Croij promet d'y........ et faire ratiffier au presantes d'autre part.

. Lesquelles partijes ont eu ce jour d'huy verballement compte entr'elles de toutes les sommes des derniers prestées et avancées par le dit Hiacinthe de Pery au sieur Marquis de Pery depuis plusieurs années en plusieurs et diverses fois, et en divers ses besoins, et notament durant le temps que le dit sieur Marquis de Pery a ésté Esclave dans la ville de Constantinople pour payer sa Rançon affin d'avoir sa liberté, et pour venir en France, et entrer dans le service de sa Majesté.

Le tout sur les lettres missives et mémoires, que ledit sieur abbé de Croy a représentez, et que ledit sieur François de Pery a reconnu pour estre exactes de sa main, et n'y avoir aucun mescompte, ni mêsme être entré en payement sur les dites prestes et advances. Par lequel compte ledit sieur Marquis de Pery s'est trouvé débiteur et redevable envers le susdit sieur

Hyacinthe Pery son frère de la somme de.... mil. livres — De
laquelle ledit sieur Marquis de Pery promet de passer contract
de Constitution au sieur son frère à sa volonté, et à première
réquisition qu'il lui en fera pour en payer la rente en ladite
Ville de Véronne en raison du denier vingt, et jusqu'à le
Luy en payer....

Les...... rayés comme nuls et du consentement des parties.

Signé : FRANCESCO PERI.

Signé : L'ABBÉ DE CROY.

Verso.

L'intérest sur le même pied à compter de ce dit jour.

Reconnaissant ledit sieur Marquis de Pery que ledit sieur
abbé de Croy lui a rendu et mis entre ses mains touttes les
lettres missives et mémoîres sur lesquels le susdit compte a esté
fait. Le tout comme nul au moyen des présentes, pour l'exé-
cution desquelles ledit sieur Marquis de Pery a élu son domi-
cile irrévocablement dans cette Ville de Paris en la maison du
sieur Pere, où ledit sieur Marquis est logé, et..... chacun en-
droit soit.

Fait et passé à Paris en estude.... quatre-vingt, en le vingt-
cinq. jour de Janvier année mesme : et ont signé :

FRANÇOIS PÉRI.

L'ABBÉ DE CROY.

Serret ou Perret.

Joignaz.

(*Archivio Perez in Verona*).

∴

In Nomine Dni Nri Jesu Christi, et B. M. V. ejus Matris.

Acta

In Comitijs Mag^{cæ} Civitatis Veronæ, de quibus rogatus fui ego Paulus Zazzaronus Civis, et ejusdem Cancell ^{s} anno á salutifera Dni. Nri Jesu Christi Nate.

1685

(omissis)

Die Mercurii X Januarii, mane, 1685, in Cons^o XII et L^{ta} Presid. Illmo et Ex. d^o . Potestate, in V. 44.

Pro D. D. Hyacintho et Fran^{co} Fratribus Pere.

Quor. suppl^o . de nob. Civilitate iterum lecta fuit: sup. quam de loco Concionis favorabilem fecit relationem Mag^{cus} Co: D. Hyeronymus Lavagnolus Provisor Cois nomine suo, et Co : Camilli Fracastorii ejus Collegæ ibi præsentis, quibus juxta ll. obtigit pillula aurea, jurando in manibus Illmi et Ex. D. Potestatis de veritate relata, et posita fuit Pars : Quod concedatur supplicantibus ut in eorum supplicatione :

Contradixit de loco Concionis D. Fran^{cus} a Putheo Iurista de adde^e ord^a Cons. XII. Off^o fungens ll. Contrad: et capta fuit Pars cum V. 40 pro : 4 con.

Illmo et Ecc^{mo} Sr Podà
Grav^{mo} Cons_o.

È quasi un secolo, che il già Sr Giordano Pere delle Nobili
e franche Famiglie di Corsica part da quell'Isola, e si porto a
servire la Ser^{ma} Rep^a Veneta, al cui servitio in Carichi Militari continuo tutto il corso di sua vita, havendo con decorosi
impieghi, come condotto, prestatole il suo servitio, e fra
cimenti importanti comprobatole col proprio sangue il suo
divotiss^o ossequio.

Li figliuoli poi del med^o, tra quali al presente viviamo noi
Giacinto e Francesco Frelli, seguendo l'orme paterne sotto gli
auspicii di si Gran Pnpe, habbiamo continuato i servitij nostri
nelle guerre accadute non solo in Itaglia, ma in Candia
ancora, tanto nei primi, quanto negli ultimi assedij, et anco
nelle difese di Piazze attaccate in Dalmatia, sostenendo io
Giacinto Cariche conspicue di Collonello, Governatore di
Piazze attaccate, e Governo di Candia, sì soapraintendente di
Nationi, et Maggior di Battaglia, e finalmente nelle ultime
emergenze di Candia p. decreto dell'Ecc^o Senato il Titolo di
General di Battaglia, nel qual Carico io fra molte ferite
non risparmiai il sangue p. questo Ser^o e sempre Invitto
Pnpe.

Et io Francesco ancora spinto dagl'incentivi della mia humil
divotione cercando le occasioni più vive, ho pur continuato il

mio servitio, e nei primi assedii di Candia, et in qualunque altro Militar incontro, sin che nell'infausto fatto d'Armi di Settia fui fatto schiavo de' Turchi; e doppo molti anni p. la pace seguita fui reso in libertà. Nel qual tempo trovandosi in pace il nostro Pnpe Ser° io per non abbandonar quei talenti, che Dio Benedetto al mio spirito ha concesso, desideroso di vantaggiarmi in Merito fra le Armi, richiesto dalla Republica di Genova, andai a servirla come Colonello, e di là poi mi portai al servitio del Re Christianissimo con un Reggimento d'Infantaria Itagliana, dove p. dodeci anni in militari offitij havendo servito quella Maestà, la di Lei somma bontà si è compiaciuta rimarcar la mia Servitù con Titoli e Beni, etc.

Hora per dar noi sodi Frèlli fine a tante fatiche ci siamo ridotti in questa Illma Città, Residenza della nostra Casa, da noi sempre honorata et riverita per Patria, essendo stati sotto questo felicissimo Clima allevati. E deliberando terminar qui li nostri giorni, con ogni piu humil divotione et ossequio, venimo a supplicar l'Ecc za e Sap. V e perchè si degnino aggregarci con tutti li nostri figliuoli et Nepoti in infinito a questa Lero Nobile Cittadinanza. Sarà l'honore che ne speriamo dalla loro suprema humanita cosi segnalato che per servitio di questa Patria promettemo non solo di spender le sostanze, ma il sangue e la vita ancora e d'ubidire a tutti i decreti della medema; in particolare alle Parti di 24 7mbre 1526, alle quali. Gratie.

Paulus Zazzaronus Cancell us.

Verona: Bibliot. civica. Reg AAAA della communità: 1684-1691, ff. 64 et 65.

••

RICHIESTA DEL CONTE ANGELO-FRANCESCO PERES
AL SENATO VENEZIANO

14 agosto 1691

Serenissimo principe, Il pregio che maggiormente adorna
la famiglia di me Conte Angelo-Francesco Peres humilissimo
servo di Vostra Serenità è il sacrificio prestato dalla medesima per un intiero secolo alla publica Grandezza.

In così lungo tempo hanno potuto li ascendenti di essa umiliare
più tributi di sostanze, di vite, di divozione, e di fede alla
pubblica Maestà, mentre nelle occasioni più ardue che si sono
rappresentate si sono esposti ai cimenti più perigliosi. Hanno
sparso i sudori et il sangue, non meno che profuso le fortune
e li averi in numerose levate di cinquanta e più Compagnie,
tutte distrutte dal ferro nemico, a segno di non apparire più
altro vestigio che quello di una sempre degna e gloriosa rimem-
branza.

Insorta la passata guerra contro l'Ottomano non tralascia-
rono di prontamente esporsi il Sargente generale di Battaglia
Giacinto — il Colonnello Francesco-Maria — il Governatore
Simone — il Colonello Andrea — miei Zii, et altri della detta
famiglia per giungere alla gloriosa meta della pubblica adora-
tissima gratia; a segno che tra le flamme più ardenti di Candia
perì il governatore Simone: fù gravemente ferito più volte il
Sergente generale Giacinto, et nelle imprese più cospicue

della Dalmatia si segnalò distintamente il Colonnello Francesco Maria, come Comandante delle Nazioni unite Italiana e Corsa, particolarmente nelli acquisti di Duare, Knin, Clino e Clissa, dove azzuffato più volte con lo stesso Bascià et esercito nemico che a tutto potere tentava introdur soccorsi in quella Piazza, gli riuscì sempre di impedirli i disegni, e di accrescere la gloria delle armi pubbliche con l'espugnatione di essa, come da pubblici attestati e lettere di soddisfazione degli Eccellentissimi Generali di quel tempo apparisce.

Avanzato finalmente egli nelli anni et aggravato da crudelissime indisposizioni acquistate servendo, lascio il proprio merito ai posteri : et in particolare quello non ancora praticato da alcun altro di aver ammassate et armate a tutte sue spese e senza pubblico aggravio sei compagnie. Et imploro, chenel suo vicino termine al morire fossi io onorato d'una porzione di sua condotta, con quale potessi seguir l'orme di tanti altri della famiglia estinti nell'attualità del Loro servire. Massime che sin d'allora, anche di tenera età, non avevo mancato di rintracciare il sentiero, servendo in Mare, e dimostrando in più campagne atti di somma prontezza nell'esecuzione dei pubblici comandi. Come poscia continuai sempre nel sostegno di più Governi di Piazze con dispendi considerabili delle proprie fortune, e come sono molto più disposto continuare nel Governo di Verona, a cui sono destinato.

Finalmente il Conte Antonio-Maria mio fratello, dopo aver servito tutta la passata guerra in tanti cimenti con cariche di più Governi di Piazze, e Sopraintendenza della Nazion Corsa spedito in Dalmatia nella presente guerra, acquistò servendo indisposizioni così gravi che l'estinsero la vita, lasciando addietro numerosa famiglia con una Gentil donna Veneta : e con la vita è pur caduta la di lui condotta di settecento ducati. Sicchè di tanti segnalatissimi servizii con tanta effusione di sangue prestati a questo augustissimo Dominio, e delle molte condotte che erano nella mia fedelissima famiglia, non apparisce più altra memoria che la sola mia tenuissima condotta di trecento ducati annui. La quale ora spirandomi, ossequiosissimo imploro della Clemenza e Maestà publica, una condotta congrua a tante benemerenze distinte. Acciò animate le reliquie di questa divotissima famiglia dalla Regia generosità, possa sostenere il peso della medesima famiglia, e dell'antedetto Governo che ricercano dispendii considerabili per sostenere il dovuto decoro : affine adempiendo all'obligo che mi sono assunto, et mi è ingiunto dalle memorie delli antepassati possa col loro esempio illustrare me stesso allo splendore delle Armi pubbliche e fra le medes fime avere l'onorato sepolcro che hanno avuto i miei Maggiori, Gratie.

➤

1691. — 14 agosto. Che sia rimessa ai Savi dell'una e l'altra mano. Consiglieri — Ser Zuanne Battaggia — Ser Zuanne Michiel — Ser Giacomo Marcello — Ser Alvise Zorzi — Ser Polo Nani — Ser Vincenzo Grimani.

Illico: di ordine del Savio alla Scrittura si informi e riferisca. Gio. Francesco Giacomazzi, not. ducal.

(Venezia, Arch. di Stato, Senato Terra : filza 1141).

8

..

1694

Giacomo Francesco Botto Commissario d'Ajaccio per la Serenissima Republica di Genova.

Facciamo ampla et indubitata fede a qualonque perverranno le presenti Nostre, come la nobile Famiglia Peres descendenti dal quomdam Nob. Cesare, come sarebbero li Siggri Conti Angelo-Francesco e Paolo abitanti nella città di Verona, et Nobile Pietro-Paulo, uno dei Nobili-Sei di questa Provincia suoi figli, come si vede da fedi battesimali = Essere *una fra le più cospicue et antiche di questo Regno di Corsica.*

La quale ha sostenuto sempre e sostiene posto decoroso come di Sei di questa Provincia, oltre poi li altri fregi grandi acquistati dall'ascendenti della medema col proprio valore, e con attioni così distinte, come è ben noto.

In fede di che saranno le presenti da noi firmate, et dall'infratto nostro Cancelliere, et impresse col solito e publico sigillo.

Datum Ajaccio li 26 aprile 1694.

Giacomo Francesco Botto, Commissario.

Gio. Domenico Rossi not. Collegiato in Genova e Cancelliere di detta Città.

(Sigillo della Republica Genovese).

CONSERVATORIA PROVINCIALE DELL' ARCHIVIO
NOTARILE DI VERONA

Il sottoscritto Boccoli Cav. Dott. Tullio Conservatore e Teso-
riere di questo Archivio Notarile, ad istanza del Signor Inge-
gner Perez Giovanni-Battista fu Co : Alessandro di qui, il quale
intende fare riconoscere presso l'Onorevole Consulta Araldica
di Roma i titoli nobiliari e comitali di sua famiglia, e l'antico
possesso dello stemma gentilizio :

Dichiara,

1° Che nella sopracoperta e cedola testamentaria del Conte
Giacinto Perez fu Giordano, Sergente Generale di battaglia
della Republica di Venezia 23 Dicembre 1683 pubblicata Atti
Antonio Trecio 21 Dicembre 1693 esistente in questa busta N°
10.984 stanno alcuni suggelli in ceralacca rossa riproducenti
lo stemma Perez di Verona.

2° Che nella due cedole testamentarie 19 febrajo 1706 e 18
Gennaio 1710 del Marchese Francesco Perez fu Giordano pub-
blicate dal Notajo Naupo Francesco fu Carlo il 26 Luglio 1713
conservate in busta N° 8.587 quadernetto 20 mo di questo Archivio sono riprodotti gli stessi suggelli e stemma gentilizio.

3° Che la descrizione di questi stemmi è la seguente : Scudo
ovale centrale diritto con tre stelle a cinque raggi disposte in
una sola linea su tinta a tratteggio orizzontale, estendentesi
sino ai due margini. Nel sottostante campo stà la figura unica

di un albero di pero con rami fogliato e fruttato al naturale su tratteggio verticale.

Gli ornamenti esterni sono : Al di sopra corona marchionale. Al lato destro dello scudo, cioè a sinistra di chi guarda, il sostegno di un leone caudato e linguato eretto ed animato con testa rivolta verso l'interno. Al lato sinistro dello scudo — cioè a destra del riguardante — altro sostegno di un grifone araldico metà aquila, metà leone, con ali, zampe, artigli, coda, becco ed orecchiette, pure eretto ed animato, con testa rivolta verso l'interno.

Entrambi questi due sostegni posano le zampe posteriori sopra un fregio ricurvo ed abbracciano con quelle anteriori lo scudo centrale. Sotto da destra a sinistra corre un festone ricascante in due curve, intessuto di rose, gigli e foglie di alloro, e terminato a ciascun capo con un fiocco.

In fede Verona 31 trentuno Ottobre 1894 novantaquattro.

Il Conservatore :

Firmato :   Boccoli.

(Bollo ad olio dell'Archivio notarile distrettuale di Verona).

Visto. Si legalizza la suesposta firma del Conservatore di questo Archivio notarile Signor Boccoli Dr. Tullio di Verona.

Dalla Presidenza del R° Tribunale Civile e Penale di Verona

Addi 31 ottobre 1894.

Il R° Presidente :   Il Cancelliere :

F° Bergonzi   F° Dolfin.

N° Repertorio notarile 7.753 (Bollo da L. 2.20).
Documenti per la Consulta araldica di Roma.

Verbale di Constatazione.

Regnando S. Maestà Umberto I per grazia di Dio, e volontà della Nazione Re d'Italia.

L'anno 1894 mille otto cento novantaquattro : questo giorno di Lunedì 29 ventinove Ottobre.

Sulle istanze del nob. Sig' Ingegnere Conte Giovanni-Battista Perez, fu Conte Cav. Alessandro nato e domiciliato in Verona, che richiede tanto per sè quanto per i proprii fratelli e cugini figli del nob. Conte Cav. Antonio Perez : i quali tutti intendono fare riconoscere presso l'On. Consulta Araldica di Roma i loro titoli nobiliari, comitali e stemma gentilizio in base al regolamento araldico approvato con decreto reale 8 Gennaio 1888 ed in base alle iscrizioni nobiliari d'ufficio approvate con decreto reale 15 Giugno 1889.

Io Baraldi Dr. Enrico fu Dr. Pietro, Notaio inscritto al Collegio Notarile di Verona Legnago, residente in Verona, dall'ufficio di mia residenza mi sono recato nella Chiesa di S. Bernardino di Verona, ed ivi coll'intervento ed alla presenza dei testimonii, noti, idonei e richiesti Bognolo Dr. Vincenzo fu Cav. Ernesto : Balladoro Dr. Lodovico di Luigi entrambi nati e domiciliati a Verona, Avvocati, ho rilevato e constatato nella prima Cappella al lato destro di chi entra, volgarmente detta Cappella Perez, i seguenti monumenti storici, iscrizioni e stemmi :

1° Nella parete a sinistra monumento del Conte Giacinto Perez dell'anno 1694 circa. Sotto il suo busto in marmo da generale con bastone di comando e tra militari trofei stà incisa a lettere d'oro su pietra nera l'iscrizione :

HIACINTHUS PERES COMES-DUX-GUBERNATOR-TRIBUNUS. IN ILLIRICO SERIT VICTORIAS. IN CRETA MESSUIT PLAGAS, SED TRIUMPHALES. SANGUINE SUO VIRTUTI LITAVIT. EX CRETA VENETIAS EXANGUIS IN CRETAM ITERUM MISSUS. PRÆFECTURA SUMMA INSIGNITUS. CADENTEM SUSTINUISSET. NISI CASUS FATUM FUISSET. .

Sotto il sarcofago del monumento stà di rilievo in pietra bianca uno stemma ovale accartocciato, cimato da corona comitale. Dal lato esterno destro, cioè a sinistra di chi guarda, stà il sostegno di un leone piangente con testa rivolta verso l'interno, accovacciato per lutto : ed a destra del riguardante, ossia a sinistra dello scudo stà un grifone araldico, metà aquila, metà leone, con ali, zampe, becco, ed orecchiette, pure coricato in segno di duolo.

Lo scudo centrale diritto porta nel capo superiore *tre stelle a cinque raggi disposte in una sola linea su tinta azzurra indicata da tratteggio orizzontale estendendosi fino ai due margini. Nel sottostante campo sta la figura unica di un albero di pero con nove rami, fogliato e fruttato su tratteggio perpendicolare indicante tinta rossa.*

2° Dall'altro lato della Cappella monumento di fronte del Marchese Francesco Peres dell'anno 1713 circa. Sotto il suo busto di marmo con corazza militare e tra guerresche decorazioni trovasi inciso in caratteri dorati su marmo nero :

FRANCISCUS PERES MARCHIO — TURCARUM SÆPIUS VICTOR. A

Turcis semel victus. Vicennalem pro fide servitutem passus. A Genuensibus ultro accersitus tribunus. A Christianissimo rege amanter exceptus. Sexdecim turmarum italicorum chiliarchus. — Sudoris, captivitatis, gloriæ — Belli, pacis Metam hic posuit.

In basso, sotto il sarcofago di marmo stà identico stemma gentilizio, cimato da corona marchionale, con leone e grifone piangenti, con scudo, pezza onorifica e campo come sopra.

3° Nel pavimento davanti l'altare della medesima cappella stà incisa in marmo bianco la lapide :

Franciscus Maria Peres Marchio, Hiacinto fratri, armorum generali, sibi, suisque hæredibus poni jussit, anno salutis 1694. Sopra havvi a tratteggi lo stemma già descritto, sormontato da corona marchionale.

Il Sg^r Conte Ing. Giovanni Battista Perez mi ha inoltre dichiarato che egli mi ha fatto per conto proprio, fratelli e cugini constatare i detti monumenti; perchè avendo il suo antenato Conte Antonio-Maria Perez fu Conte Antonio-Maria preso parte coi suoi figli nell'Aprile 1797 alle Pasque Veronesi contro le truppe di Bonaparte, ebbe dai soldati francesi che combattevano contro i cittadini veronesi incendiata la casa a Castelvecchio fino alle muraglie, con perdita dell'archivio antico famigliare Perez. E che quindi, in assenza di diplomi comitali scritti, intende supplire presso l'On. Consulta Araldica con altre prove equipollenti, con atti ricavati da pubblici uffici, e con dichiarazioni di lungo, pacifico e pubblico possesso di titolo comitale.

Richiesto io Notajo ho steso il presente verbale eretto in contesto dei suddetti testimonii, che previa lettura e conferma meco si sottoscrivono.

Il presente, scritto da persona di mia fiducia, consta di fogli facciatie intere quattro oltre le linee della presente.

Firmato : Lodovico Balladoro teste.

　　》　　Vincenzo Bognolo teste.

　　》　　Baraldi Enrico notajo in Verona.

Registrato a Verona li 3 novembre 1894. Registro 72. N° 767 atti Pubblici.

⁚

ISCRIZIONE SEPOLCRALE DEL COLONNELLO FRANCESCO MARIA PERE NELLA CHIESA DI SANTA MARIA DELLE GHIAJA IN VERONA.

FRANCISCUS MARIA PERES — ORIGINE CORSUS, STUDIO MILES, VIRTUTE CHILIARCHUS ITALAE, CORSICAEQUE GENTIS DUCTOR — QUINDECIM DALMATICO IN BELLO MILITAVIT ANNIS — QUATER STRENUE PROFLIGAVIT TURCHAS — TEZZELIUM BASSAM CLISSAE EXPUGNATIONI OBSTANTEM DEPULIT, FUGAVIT, VICTORIAM-QUE PEPERIT GLORIOSAM — HINC AETERNAM EXOPTANS REQUIEM, HIC SIBI FECIT SEDEM HOCQUE IN SACELLO — QUOTIDIANUM SIBI SUFFRAGIUM SACRIFICII MISSAE — OLEUM-QUE LAMPAS QUO ANTE VIRGINIS ARAM LUCERET — PERPE-TUO LEGAVIT.

KAL. NOVEMB. MDCLXX.

OUVRAGES HISTORIQUES DU MÊME AUTEUR

—

Histoire de la Corse. Paris, Bayle 1890, *épuise.* . .

Armorial Corse. Paris, H. Jouve, in-12 carré, cent
    planches de blasons, seconde édition, 1896. . . . 10 fr.

Histoire Généalogique de la maison d'Ornano. Paris,
    H. Jouve, 1893, in-4°, vingt-sept planches, blasons,
    portraits. . . . . 10 fr.

Evêques de la Corse inconnus d'Ughelli et ne figurant
    pas aux Series Episcoporum. Paris, E. Leroux, 1895,
    in-8°. 1 fr.

La vérité sur les Bonaparte avant Napoléon. Paris,
    Jouve, 1895, in-8°. . . . . 1 fr.

SOUS PRESSE.

Les maisons historiques de la Corse. Recueil de
    monographies rédigées d'après les documents ori-
    ginaux : Abbatucci, Bonaparte, Colonna, Frances-
    chi, Leca, Leoni, Perez, Poli, Pozzo di Borgo. —
    Par souscription. . . . . 25 fr.

NOTA. — La monographie Bonaparte comportera la publication dans son intégrité du mémoire rédigé par Bernucci pour
Napoléon. Ce manuscrit beaucoup plus important que celui
publié par Passerini malgré sa haute valeur est encore inédit.

PARIS. — HENRI JOUVE, 15, RUE RACINE

www.ingramcontent.com/pod-product-compliance
Lightning Source LLC
Chambersburg PA
CBHW070939280326
41934CB00009B/1933